En application de l'art. L.137-2.-I. du code de la propriété intellectuelle, toute reproduction et/ou divulgation de parties de l'œuvre dépassant le volume prévu par la loi est expressément interdite.

© Frédéric Gil, 2025

Édition : BoD · Books on Demand, 31 avenue Saint-Rémy, 57600 Forbach, bod@bod.fr
Impression : Libri Plureos GmbH, Friedensallee 273, 22763 Hamburg (Allemagne)

ISBN : 978-2-8106-2939-8
Dépôt légal : février 2025

Du même Auteur :

- La formation des aviateurs de la Royal Air Force et du Commonwealth 1934 - 1945. Histoire, programmes et matériels. ISBN 978-2322541973.

- Chasseurs de nuit et *Intruders* de la Royal Air Force contre la Luftwaffe : La première guerre électronique aérienne, 1939 - 1945. ISBN 978-2322540396.

- Notes à l'intention des Pilotes pour différents appareils de la Royal Air Force (voir liste en fin d'ouvrage).

Table des matières

AVERTISSEMENT 3
INTRODUCTION 4
    Abréviations principales 4
    Courte histoire des planeurs alliés 1940-1945 4
    La fabrication du Horsa : un vrai puzzle en bois ! 5
NOTES pour les PILOTES de HORSA I & II 7
    Le ramassage à la volée 68
    Les chargements standards du Horsa 69
Bibliographie sommaire sur le planeur Airspeed Horsa 71
Quelques titres de cette série 72

AVERTISSEMENT

Ces Notes à l'intention des Pilotes ont bien évidemment été traduites uniquement pour leur intérêt historique et ne doivent en aucun cas être employées pour le vol sur de vrais avions (pour les rares lecteurs qui ont la chance de posséder un Halifax, un Hamilcar ou autres Spitfire dans leur jardin !). Ces manuels étaient constamment tenus à jour et il a fallu choisir de traduire une version particulière qui n'est quasiment jamais la publication la plus récente. [1] La version traduite est donc une sorte de "photographie" dans le temps. Souvent, le choix de la version a été imposé par le peu de documentation ayant survécu ou par l'histoire particulière d'un avion.

Par contre, l'usage de ces manuels avec des simulateurs de vol peut permettre de vérifier le réalisme des logiciels et apporter une nouvelle dimension à cette activité, par exemple en suivant strictement les procédures recommandées.

---

[1] Par exemple, ici, c'est une révision de mars 1945 qui a été choisie pour refléter les informations mises à la disposition des pilotes à ce moment de la guerre, même si les Notes des Horsa ont été à nouveau révisées après cela (par exemple en août 1945).

INTRODUCTION

Les lecteurs intéressés trouveront les conventions de traduction ainsi que l'histoire des manuels à l'intention des Pilotes dans **l'ouvrage de cette série consacré au Tiger Moth** [2] : la plupart des Pilotes formés pendant la guerre ayant débuté sur cet avion, il a paru logique qu'il serve de base pour cette série de manuels.

Abréviations principales
AP : Air Publication (Publication *[du Ministère]* de l'Air britannique).
PN : Pilot's Notes (Notes à l'intention des Pilotes).   RAF : Royal Air Force.
TNA : The National Archives - UK : Archives nationales britanniques.

Courte histoire des planeurs alliés 1940-1945

En mai 1940, le Royaume-Uni et les États-Unis découvrent leur retard en matière de troupes aéroportées lorsque les Allemands envahissent la Belgique et les Pays-Bas en se saisissant de points clefs (aérodromes, ponts et forts) à l'aide de parachutistes et de planeurs de combat. Partant de rien, les Alliés vont peu à peu se doter d'unités et de matériels spécialisés.

L'effort est énorme, car il faut concevoir des planeurs capables d'emporter des soldats équipés et des véhicules sur le champ de bataille, créer des établissements d'essais pour mettre au point les procédures, former les Pilotes et les troupes, adapter et tester des avions capables de remorquer ces planeurs, etc.

Les planeurs Airspeed Horsa ont participé aussi bien à un raid commando en Norvège qu'aux débarquements en Sicile, en Normandie et en Provence, à l'opération *Market-Garden* aux Pays-Bas, et enfin au passage du Rhin en mars 1945.

En plus du manuel de pilotage du Horsa, ce fac-similé comporte :
- Les instructions de remorquage pour huit types d'avions différents, après des essais méthodiques par l'Airborne Forces Experimental Establishment de Ringway, dans le Cheschire.
- Les instructions pour "capturer" un Horsa à la volée, sans que l'avion remorqueur ait à se poser : cette technique spectaculaire permettait de récupérer des planeurs après leur mission pour les réutiliser rapidement, y compris lorsqu'ils se trouvaient dans un champ trop étroit pour envisager un décollage normal. Dans la pratique, même s'ils avaient survécu à l'atterrissage, ces planeurs étaient souvent bien trop abimés après être restés quelques jours sans surveillance sur un champ de bataille.
- Un résumé des chargements standards du Horsa.

---

[2] *"Notes pour les Pilotes de Tiger Moth T. Mk. 2"*, ISBN : 978-2322561292.

La fabrication du Horsa : un vrai puzzle en bois !

Pour la fabrication du Horsa, les Britanniques optent pour une découpe du planeur en dix lots, qui sont répartis entre différentes compagnies en août 1941 (voir schéma ci-dessous), [3] les contrats étant attribués officiellement le 18 septembre. [4] Le comité de coordination du Horsa réunissant les entreprises impliquées a tenu au moins dix réunions en 1941 et douze en 1942. Les comptes-rendus [5] montrent qu'un bon esprit de collaboration régnait : les Compagnies ont laissé tout esprit de concurrence à la porte. Pour des raisons de sécurité, à l'exception de la production des pièces métalliques, la fabrication d'éléments similaires est dispersée sur au moins deux usines différentes.

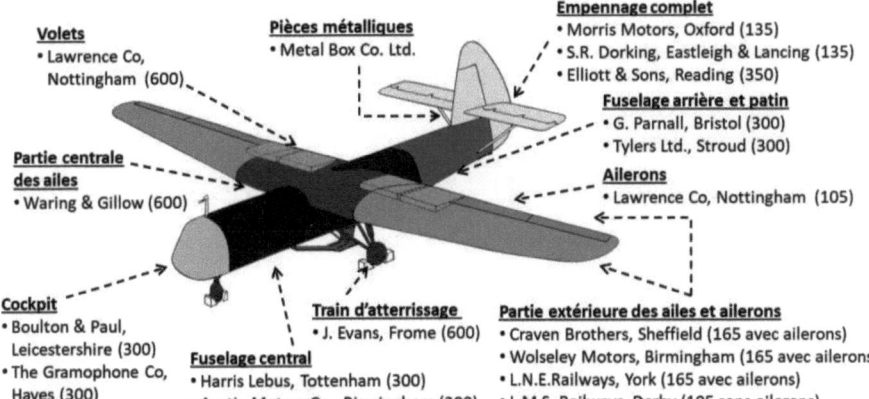

Volets
• Lawrence Co, Nottingham (600)

Pièces métalliques
• Metal Box Co. Ltd.

Empennage complet
• Morris Motors, Oxford (135)
• S.R. Dorking, Eastleigh & Lancing (135)
• Elliott & Sons, Reading (350)

Partie centrale des ailes
• Waring & Gillow (600)

Fuselage arrière et patin
• G. Parnall, Bristol (300)
• Tylers Ltd., Stroud (300)

Ailerons
• Lawrence Co, Nottingham (105)

Cockpit
• Boulton & Paul, Leicestershire (300)
• The Gramophone Co, Hayes (300)

Train d'atterrissage
• J. Evans, Frome (600)

Fuselage central
• Harris Lebus, Tottenham (300)
• Austin Motors Co., Birmingham (300)

Partie extérieure des ailes et ailerons
• Craven Brothers, Sheffield (165 avec ailerons)
• Wolseley Motors, Birmingham (165 avec ailerons)
• L.N.E.Railways, York (165 avec ailerons)
• L.M.S. Railways, Derby (105 sans ailerons)

L'un des soucis des autorités était d'économiser les matériaux stratégiques. Les Britanniques ont donc utilisé au maximum le bois dans leurs planeurs. Les quantités en jeu étaient énormes. Pour construire un seul planeur Horsa, il fallait disposer de : [6] 15 m^3 d'épicéa (soit 375 planches de 3,7 m de long, par 28 cm de large et 38 mm d'épaisseur) ; 0,3 m^3 de pin d'Oregon ; 0,7 m^3 de frêne ; 1.510 m^2 de contreplaqué (soit 190 plaques de 2 m par 4 m) ; et tout de même de l'acier (vis, clous, boulons, train d'atterrissage, etc.) ainsi que d'autres matériaux (colle, entoilage, pneus, etc.).

Or, si le bois n'est pas un matériau stratégique fin 1940 en Angleterre, il va rapidement le devenir lorsqu'il faudra bâtir les cantonnements de milliers de soldats

---

[3] Compte-rendu de la réunion du 21 août 1941 "*HORSA production*", HIGHLY SECRET, conservé dans le dossier AVIA 15/1499, TNA. Dessin de l'auteur.
[4] "*Report on glider production*" non daté (probablement mi-1944), CONFIDENTIAL, conservé dans le dossier AVIA 15/1715, TNA.
[5] Conservés dans le dossier AVIA 15/1499, TNA.
[6] Correspondance du 3 août 1943 entre le Ministère de la Production Aéronautique et le Secrétariat du Chiefs of Staff Committee, conservée dans le dossier AIR 8/663, TNA. Ce sont ici des valeurs moyennes incluant un jeu de pièces de rechange.

américains et construire des centaines de de Havilland Mosquito ou de Armstrong Whitworth Albemarle. Les Britanniques importent massivement du bois des USA.

Il est assez amusant de constater que pendant que les Britanniques s'interrogeaient sur la possibilité d'utiliser une structure métallique tubulaire pour construire le Horsa afin d'économiser le bois, les Américains testaient la fabrication d'un CG-4 en bois afin d'économiser du métal (variante XCG-4B). [7]

Le choix du bois pour la construction d'avions et planeurs a posé de nombreux problèmes, en particulier liés à la méconnaissance de la résistance des assemblages aux efforts en vol et à l'atterrissage, du vieillissement des colles et à l'effet des intempéries : il fallait construire des hangars métalliques pour stocker ces planeurs : rien que pour les Horsa, c'est 79 hangars qui sont prévus en 1943. [8]

Une fois la production lancée, les Britanniques ont rapidement disposé d'un stock de Horsa comme on peut le voir sur le graphe ci-dessous qui montre la production des versions Mk I et Mk II en cumulé, ainsi qu'une estimation des planeurs de ce type détruits lors d'accidents ou d'opérations : [9]

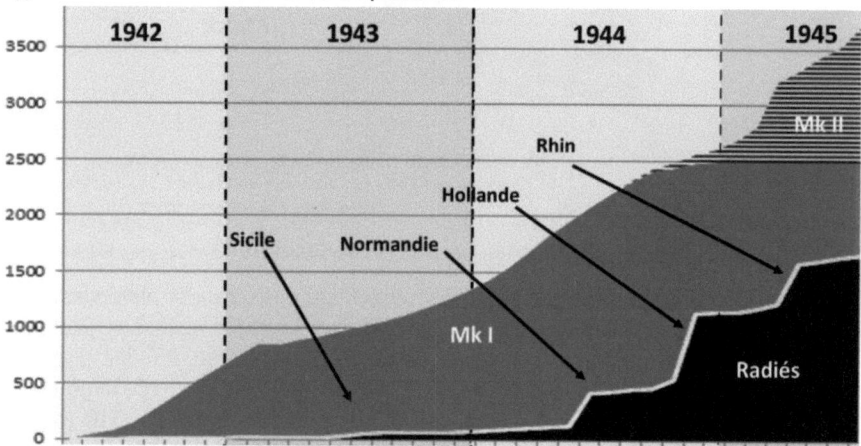

Il était cependant difficile de convoyer des Horsa par les airs jusqu'en Afrique (via Gibraltar), ce qui explique que peu ont été utilisés pour l'invasion de la Sicile en 1943.

---

[7] Page 32 de l'US Army Report "*Development and Procurement of Gliders in the Army Air Force 1941-1944*", AAF Historical Office, Headquarters, Army Air Forces, mars 1946.
[8] Note "*Gliders. All types. Policy*" datée du 4 décembre 1942, SECRET, conservée dans le dossier AVIA 15/1715, TNA.
[9] Graphe de l'auteur à partir des tableaux "*Glider strength and production return*", conservés dans le dossier AIR 20/1869, TNA. Les chiffres disponibles dans les états britanniques ne semblent pas prendre en compte les pertes de Horsa alloués aux Américains dans le cadre du prêt-bail "inversé" (par exemple 222 Horsas employés par les forces US en Normandie dont quasiment aucun n'a été récupéré entier).

NOTES POUR LES PILOTES DE
HORSA I & II

AVEC ANNEXES POUR LES PILOTES D'AVIONS REMORQUEURS

RÉVISIONS

À mesure des besoins, des listes de révisions seront publiées.
Ces listes seront enduites de colle pour que l'on puisse les fixer à l'intérieur de la couverture du livre.
Chaque liste de révisions comprendra toutes les mises à jour récentes et, si nécessaire, des feuillets à coller aux endroits voulus dans le texte.
On devra certifier l'insertion d'une liste de révisions en inscrivant ci-dessous la date de l'entrée et les initiales de la personne ayant effectué cette mise à jour.

LISTE N°	INITIALES	DATE	LISTE N°	INITIALES	DATE
1			2		

NOTES POUR LES UTILISATEURS

Cette publication se divise en trois parties : Description, Pilotage, et Notes pour les Pilotes d'avions remorqueurs (avec des annexes pour chaque type d'avion remorqueur).
La première partie ne donne qu'une brève description des commandes avec lesquelles le Pilote devra se familiariser.
Ces notes complètent la Publication "A.P.2095 - Notes générales pour les Pilotes" et supposent une parfaite connaissance de son contenu. Tous les Pilotes doivent être en possession d'un exemplaire de la Publication A.P. 2095 (voir A.M.O. A93/43). [10]
Les mots en lettres capitales indiquent les marquages tels qu'ils existent sur les commandes correspondantes.
Des exemplaires supplémentaires peuvent être obtenus à l'A.P.F.S. *[Air Publications and Forms Store]*, Fulham Road, S.W.3, en portant sur le formulaire R.A.F. 294A, en double, le numéro de cette publication en toutes lettres : AP.2097A & B - P.N.
Les commentaires et les suggestions devront être transmis par la voie hiérarchique au Ministère de l'AIR. (D.T.F.).

---

[10] Ordre du Ministère de l'Air, catégorie "Administrative". Le Ministère avait une production prolifique d'ordres de ce type : 476 en 1938, et 1.205 en 1945 !

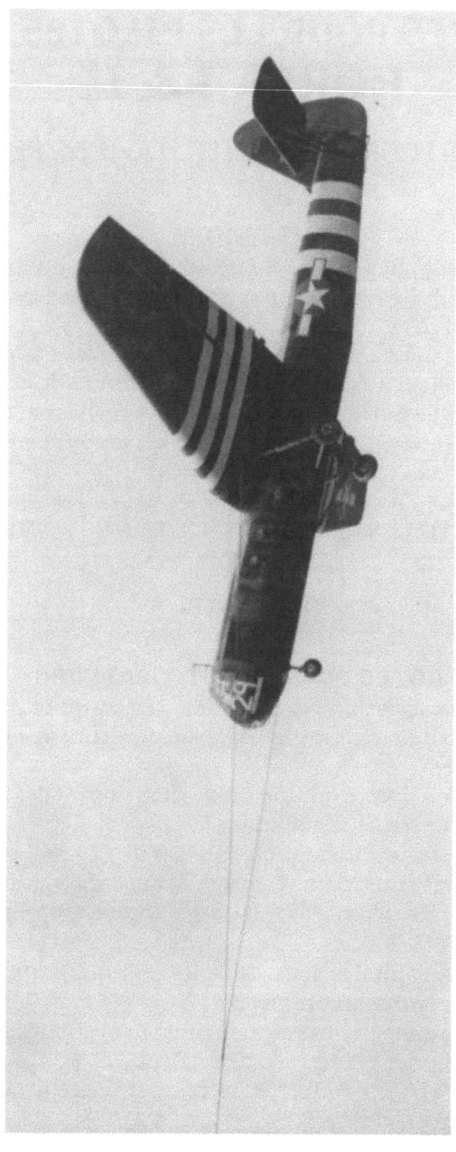

Planeur HORSA Mark I [11]

---

[11] Le document original ne comportait pas de frontispice. Ce Horsa faisait partie d'un lot d'environ 400 planeurs donnés aux USA par le Royaume-Uni dans le cadre du "prêt-bail inversé". Il porte les bandes d'invasion et le numéro "29". On voit bien la forme de "Y" (ou "en patte d'oie") de la corde de remorquage, caractéristique de la version Mark I. Photo USAAF de juin 1944 (réf. 51742AC).

Mars 1945 PUBLICATION DE L'AIR 2097A & B - P.N.
MINISTÈRE DE L'AIR Notes à l'intention des Pilotes
3ème Édition

PLANEURS HORSA I ET II

PARTIE I
COMMANDES ET ÉQUIPEMENT POUR LES PILOTES

TABLE DES MATIÈRES

	Paragr.
INTRODUCTION	1
CIRCUIT PNEUMATIQUE	
Bouteilles d'air comprimé	2
COMMANDES DU PLANEUR	
Commandes des gouvernes	3
Palonnier	4
Commande du compensateur de la profondeur	5
Indicateur de compensation de la profondeur	6
Commande des volets hypersustentateurs	7
Commande des freins	8
Commande de largage du train d'atterrissage	9
Commande de secours de largage du train d'atterrissage	10
Commande de largage de la remorque	11
Commandes du parachute de freinage	12
Instruments	13
Compas	14
Indicateur d'angle de câble Mark II	15
PORTES, SIÈGES ET ÉQUIPEMENT D'HABITACLE	
Accès pour les Pilotes	16
Accès pour les Soldats	17
Sièges	18
Verrière	19
Rangement des cartes	20
Diagrammes de chargement	21
Flacons Thermos	22
Équipement sanitaire	23

	Paragr.
ÉQUIPEMENTS POUR LES OPÉRATIONS	
Trappes d'installation de mitrailleuses	24
Commande de largage des containers à équipement	25
Commande de largage de fusée d'atterrissage	26
ÉCLAIRAGE, RADIO ET ÉQUIPEMENT DE SIGNALISATION	
Radio	27
Intercommunication	28
Éclairage	29
Lampes-torches	30
Pistolet lance-fusées	31
SORTIES ET ÉQUIPEMENT DE SECOURS	
Sorties d'évacuation en parachute	32
Trousse de premiers soins	33
SUPPLÉMENT POUR LE HORSA II	1-9

LISTE D'ILLUSTRATIONS	Fig.
Habitacle - vue générale	1
Tableau et commandes de bord	2
Habitacle : Bâbord	3

PARTIE II
INSTRUCTIONS DE MANOEUVRE POUR LES PILOTES

PARTIE III
NOTES GÉNÉRALES POUR LES PILOTES D'AVIONS REMORQUEURS
Avec des annexes pour chaque avion remorqueur

PARTIE IV
NOTES SUR LE RAMASSAGE DE PLANEUR À LA VOLÉE

PUBLICATION DE L'AIR 2097A & B - P.N. 3ème Édition

PARTIE I
COMMANDES ET ÉQUIPEMENT POUR LES PILOTES

INTRODUCTION
1. Les Horsa I ou II sont des planeurs monoplan à voilure haute conçus pour transporter 25 soldats avec leur équipement, ou du matériel militaire et des véhicules légers.

Les roues principales du train d'atterrissage tricycle sont largables, et des patins d'atterrissage protègent le fuselage lors des atterrissages sur le ventre. Des bancs sont placés dans la carlingue principale pour les troupes, et huit containers (avec parachutes) d'équipement militaires sont attachés sous les ailes, quatre de chaque côté. Le poste de pilotage dans le nez comprend deux sièges côte à côte pour les Pilotes. La section 1 décrit les commandes et l'équipement des Pilotes, et tous autres équipements avec lesquels les Pilotes doivent être familiers. Les équipements décrits dans les figures 1 à 3 sont numérotés et ces nombres apparaissent entre parenthèses dans le texte.

CIRCUIT PNEUMATIQUE
2. Air comprimé : Trois bouteilles, deux du côté extérieur du siège du Pilote droit, et une sur le plancher en travers du nez du planeur, fournissent l'air comprimé pour actionner les volets hypersustentateurs, les freins, et le largage du train d'atterrissage. Un indicateur de pression (12) est disponible. À pleine charge, il y a assez d'air pour trois cycles complets d'opération des volets hypersustentateurs et pour freiner normalement lors de la séquence d'atterrissage.

COMMANDES DU PLANEUR
3. Les commandes des gouvernes sont conventionnelles et sont normalement interconnectées par une goupille de sécurité (6) en reliant deux crochets (5) qui dépassent à l'avant du puits du côté droit entre les sièges des Pilotes. Pour déconnecter le manche à balai de droite, le fil de freinage doit être retiré et la goupille être déposée par la gauche au moyen de la broche plaquée formant la tête de la goupille. Le volant droit peut être enlevé en dévissant l'écrou-papillon (18) le fixant à son moyeu.

4. Les barres de palonnier (7) ont des sangles pour y glisser les chaussures et sont réglables en extension, au sol, dans l'une des cinq positions possibles ; elles sont interconnectées de manière permanente.

5. Commande du compensateur de la profondeur : Le volant de réglage (23), monté du côté gauche du piédestal des commandes, fonctionne dans le sens naturel.

6. Indicateur de compensation de la profondeur : Il y a une marque sur le tambour de câble qui doit être placée, pour le décollage, face à la flèche sur le piédestal des commandes.

Note : Comme le volant peut être tourné approximativement un tour complet en avant ou en arrière à partir de la position neutre, la position de décollage doit être vérifiée en tournant le volant dans les deux sens sur environ un demi-tour pour s'assurer que, quand la marque est en face de la flèche, la commande est réglée correctement.

7. Commande des volets hypersustentateurs : Les volets hypersustentateurs sont commandés par un levier (22) fonctionnant dans un quart de cercle formant la face arrière du piédestal des commandes. Le quart de cercle est marqué UP, 40°, et FULL DOWN, [12] et le levier ne doit être placé que sur l'un de ces trois réglages. Des positions intermédiaires des volets ne peuvent pas être obtenues. Un ressort dans le quart de cercle permet à la position 40° d'être sélectionnée au toucher ; une légère pression est nécessaire pour déplacer le levier dans l'une ou l'autre direction à partir de cette position. Sur les planeurs récents une goupille est fournie pour maintenir le levier des volets en position UP quand le planeur est au sol. La goupille est insérée dans deux supports sur le quart de cercle et dans un trou dans le levier ; elle est attachée par une cordelette portant un fanion rouge, et elle doit être enlevée avant vol et placée dans le rangement installé sur le côté du piédestal des commandes.

8. Commande des freins de roues : Un levier (2), avec verrouillage à ressort et une gâchette de déblocage sur la poignée, est placé sur la droite de l'armature du siège du Pilote gauche, et doit être tiré vers le haut pour appliquer les freins. Sur les planeurs récents les palonniers permettent une commande différentielle des freins.

9. Commande de largage du train d'atterrissage : Un levier (21) avec un bouton rouge en forme de roue est installé à droite du levier des volets hypersustentateurs. Il est maintenu en position LOCKED [13] par une goupille à ressort ; pour larguer, la goupille est retirée et le levier abaissé.

10. Commande de secours de largage du train d'atterrissage : Si la commande du Pilote ne fonctionne pas, une commande mécanique est placée sur la face arrière droite de la cloison N°5, avec un levier de fonctionnement rangé à côté, pour être activée par le Second Pilote ou par un des soldats.

11. Commande de largage de la remorque : Les crochets de largage de la remorque dans le bord d'attaque de la section centrale des ailes sont actionnés par un levier rouge (20) dépassant du haut du piédestal des commandes. La position vers l'avant est marquée LOCKED et la position arrière RELEASE. [14]

---

[12] Pour correspondre aux instructions affichées sur les commandes, le texte n'a pas été traduit ci-dessus : UP, 40°, et FULL DOWN = Volets relevés, volets abaissés de 40° et volets déployés en grand.
[13] LOCKED = Commande verrouillée.
[14] LOCKED = Crochet de la remorque fermé ; RELEASE = Crochet ouvert (corde libérée).

12. Commandes du parachute de freinage : Lorsqu'elles sont installées, les commandes se composent d'un interrupteur à bascule qui est placé sur ON pour ouvrir les parachutes, et un bouton-poussoir pour les larguer si nécessaire. Ces commutateurs sont sur un panneau du côté droit du poste de pilotage et sont câblés de façon que le bouton-poussoir ne soit actif que quand l'interrupteur à bascule est fermé (position ON).
13. Instruments : Les instruments suivants sont montés sur un panneau au-dessus du piédestal des commandes : badin (11), horizon artificiel (15), variomètre (16), altimètre (8) et indicateur de virage et de dérapage (17). Au-dessus de ce panneau, un tableau plus étroit porte le manomètre de pression d'air (12), une plaque résumant les limites de vol (13) et une lampe de tableau de bord ajustable (14), pour laquelle un commutateur de réglage de la luminosité (32) est installé sur le panneau des interrupteurs à la gauche du siège du Pilote gauche.
14. Compas : Un compas (19) est monté sur un support dépassant du côté droit du piédestal des commandes et un porte-carte de déviation de compas (10) est attaché à l'armature du pare-brise dans l'alignement du volant du Pilote gauche. [15]
15. Indicateur d'angle de corde de remorquage Mark II [16]
    (i) Cet indicateur est semblable au modèle Mark I (HOTSPUR) [17] avec une barre horizontale (désignée sous le nom d'indicateur horizontal dans le Manuel d'Instrument) qui se déplace vers le haut ou vers le bas quand la position du planeur, monte ou descend par rapport à l'avion remorqueur. Sur le Mk. II, l'aiguille verticale, qui pivote autour d'un axe à son extrémité inférieure, est reliée à la fois à un horizon artificiel contrôlé par un gyroscope et au mécanisme d'angle de corde de remorquage. Elle indique l'angle réel d'inclinaison transversale, ou la variation d'angle de la corde par rapport à l'horizontale, ou une combinaison des deux, et indique zéro chaque fois que l'inclinaison transversale correcte est appliquée.
    (ii) En vol libre, ou en position de remorquage haute "High tow" [18] le mécanisme de mesure d'angle de corde est hors service et la barre

---

[15] La carte de déviation du compas permet de noter la différence entre le vrai Nord magnétique et celui qui est affiché par le compas, qui est influencé non seulement par le champ magnétique terrestre mais aussi par la structure de l'aéronef, la proximité d'objets métalliques, de champs magnétiques ou d'équipements électriques.

[16] Cet instrument a été développé pour permettre aux pilotes du planeur de savoir à peu près où ils se trouvaient par rapport à l'avion lors de la traversée d'un nuage (normalement interdite, mais parfois inévitable, surtout lors d'un vol de nuit). Deux bras "palpeurs" mesuraient l'angle que faisait la corde de remorquage avec une précision toute relative.

[17] Le Hotspur est le premier planeur de combat britannique conçu par la General Aircraft Ltd sur la base de la spécification n°10/40 publiée le 28 juin 1940, sept semaines après l'attaque allemande par planeurs du fort d'Eben-Emael. Ne pouvant emporter que huit soldats, il a été relégué aux tâches de formation des Pilotes de planeurs. Plus de 1.000 Hotspur ont été fabriqués entre 1941 et avril 1943.

[18] Voir le paragraphe 10 de la Partie II.

horizontale disparait en haut de l'instrument. Toutefois, l'aiguille verticale continue à fonctionner, mais étant seulement commandée par le mécanisme de l'horizon artificiel, elle ne peut être employée en vol libre que pour indiquer l'angle d'inclinaison. Pour des angles d'inclinaison supérieurs à 30° la réponse de l'aiguille diminue progressivement (ainsi, à une inclinaison de 90°, l'aiguille indique seulement 45°).

(iii) Le zéro de l'indicateur est ajustable à l'aide d'un écrou-papillon de réglage, sous l'instrument, qui doit être tourné dans la direction opposée de celle vers laquelle on désire faire tourner l'aiguille. L'indicateur peut seulement être mis à zéro en volant dans la position de remorquage basse "Low tow" avec le mécanisme d'angle de corde en fonctionnement.

PORTES, SIÈGES ET ÉQUIPEMENT D'HABITACLE

16. Accès pour les Pilotes : Il y a une porte du côté gauche en arrière du poste de pilotage avec une échelle d'accès rangée dans la cabine principale ; la porte coulisse vers le haut et est bloquée par deux loquets qui peuvent être actionnés de l'intérieur ou de l'extérieur du planeur. Cette porte fait partie d'une plus grande porte qui s'ouvre vers l'extérieur sur des charnières à son bord inférieur pour former une rampe d'accès pour les véhicules légers, etc.. De la cabine principale, on accède au poste de pilotage par une porte centrale dans la cloison formant le mur avant de la cabine.

17. Accès pour les Soldats : Les Soldats emploient la porte de gauche ainsi qu'une porte semblable du côté droit en arrière de l'aile.

18. Sièges : Les sièges des Pilotes sont fixes et sont équipés de ceintures de sécurité ventrales (33).

19. Verrière : La verrière en plastique offre un large champ de vision et il y a deux panneaux de vision claire [19] (3), un de chaque côté du pare-brise ; ceux-ci s'ouvrent en se rabattant vers le haut et des crochets sont prévus pour les maintenir ouverts.

20. Rangement des cartes : Un boitier (31) pour les cartes, les fiches de messages, etc., est attaché sur l'avant de l'armature du siège du Pilote gauche.

21. Diagrammes de chargement : Ceux-ci sont rangés du côté droit de la cabine principale environ quatre pieds *(1,2 m)* en arrière de la cloison du poste de pilotage. Sur un panneau au-dessus de ce rangement sont peints la masse de référence, le moment de référence et la valeur d'index

---

[19] Ces panneaux du pare-brise peuvent être ouverts pour avoir une vision claire (mais venteuse !) en présence d'eau, de buée, de givre, de neige fondue ou d'huile.

de chargement du planeur. Des instructions complètes pour l'emploi de ces chiffres sont données avec les diagrammes. [20]

22. Flasques thermos : Une flasque pour les Pilotes est rangée sur l'étagère (24) derrière la tête du Pilote gauche, côté extérieur. Des flasques et de boites de rations pour les troupes sont arrimées sous les bancs.

23. Équipement sanitaire *[pour uriner]* : Une bouteille sanitaire pour les Pilotes est arrimée dans des supports clips sur la face avant de la cloison dans le dos du siège du Pilote gauche, côté extérieur.
Il y a également un tube sanitaire pour l'usage des troupes dans la cabine principale.

ÉQUIPEMENTS POUR LES OPÉRATIONS

24. Trappes de mitrailleuses : Il y a une trappe dans le toit de la cabine principale, normalement couverte par un panneau en tissu fixé par des verrous à ressort, ainsi qu'une trappe ventrale pour mitrailleuse dans la queue ; ces trappes sont disponibles pour les mitrailleurs en cas d'attaque.

25. Commande de largage de containers : Les containers d'équipements sont largués par des poignées à tirer sur les côtés du fuselage, à hauteur d'épaule, environ deux pieds *(0,6 m)* en avant du bord de la porte arrière. Chaque poignée libère le groupe de quatre containers du même côté.

26. Commande de largage de fusée d'atterrissage : Un tube de lancement de fusées est placé sous le siège du Pilote gauche. La poignée (1), qui doit être tirée vers le haut pour larguer la fusée, est du côté droit du siège du Pilote gauche.

ÉCLAIRAGE, RADIO ET ÉQUIPEMENT DE SIGNALISATION

27. Radio : Un poste radio T.R.9D [21] est installé pour les Pilotes, avec une commande à distance (4) montée du côté gauche du siège du Pilote droit. La prise embrochable pour le casque du Pilote gauche est fixée sur l'extérieur de la structure du siège.

28. Intercommunication : Le poste T.R.9D fournit l'intercommunication entre les Pilotes du planeur et de l'avion remorqueur.

29. Éclairage : Une boîte de fusibles (30) est placée sur le panneau des interrupteurs du côté gauche du fuselage près du siège du Pilote. Ce panneau porte une touche de télégraphiste pour la signalisation par morse (28) avec des sélecteurs pour les lumières d'identification orientées vers le bas, un interrupteur (27) pour les feux de navigation, un interrupteur (29) pour les éclairages de cabine, et un commutateur de réglage de la luminosité (32) pour la lampe du tableau de bord. Pour

---

[20] Le chargement équilibré des aéronefs a toujours été un véritable casse-tête pour les concepteurs et les responsables des cargaisons et reste une cause d'accident aujourd'hui. Voir l'annexe spécifique en fin de livret.

[21] Le T.R.9 est une radio à haute fréquence pour les communications à courte portée en radiotéléphonie, en théorie jusqu'à 55 km en air/sol et 8 km en air/air.

permettre l'usage nocturne de l'éclairage de cabine, des rideaux de black-out pour les hublots sont rangés dans une boite sur la face avant gauche de la cloison arrière de la cabine principale.

30. Lampes-torches : Quatre torches électriques sont accrochées dans des clips sous le plafond de la cabine principale.
31. Pistolet lance-fusées : Pour utiliser le pistolet, il faut le placer dans le tube de tir qui dépasse du plancher sur le côté extérieur du siège du Pilote gauche. Un rangement pour les cartouches (25) est fourni sur le côté du fuselage à hauteur d'épaule du Pilote gauche.

SORTIES ET ÉQUIPEMENT DE SECOURS
32. Sorties d'évacuation en parachute : Les Pilotes doivent employer la porte coulissante du côté gauche. Les troupes emploient également cette porte ainsi que la porte dans du côté droit. Les deux trappes de mitrailleuses peuvent également être utilisées comme sorties d'évacuation en parachute ou de sorties en cas de crash dans le cas où les portes principales sont coincées. Pour enlever le panneau couvrant la trappe de mitrailleuse de la cabine principale, tirez les poignées en corde, desserrez les verrous à ressort et tirez le cadre à l'intérieur.
33. Trousse de premiers soins : Elle est arrimée sur la face avant de la cloison arrière sous le côté droit du siège transversal.

SUPPLÉMENT COUVRANT LE HORSA II

1. Introduction
Le Horsa II est, généralement semblable au Horsa I, les différences principales étant que la section frontale s'ouvre pour permettre à la cargaison d'être chargée par l'avant de l'appareil, et un crochet unique de remorquage est installé au lieu des crochets d'aile pour la corde de remorquage en patte d'oie (forme de Y). Certaines autres différences et équipements supplémentaires sont incorporés et les notes suivantes donnent des détails sur ces derniers.

2. Porte de la section frontale et chargement de cargaison
   (i) Le nez de l'appareil s'ouvre sur le côté autour de charnières du côté droit et est verrouillé en position fermée par des goupilles de verrouillage que l'on met en place en actionnant le levier le plus haut des deux leviers à gauche de la cloison avant de la cabine principale. Le levier inférieur enclenche un verrou de sécurité qui empêche l'opération par inadvertance du levier principal ; une mesure de sécurité complémentaire est constituée par une courroie qui bloque le levier inférieur en position basse (en sécurité).
   (ii) Pour ouvrir la section frontale, la courroie fixant le levier inférieur doit être enlevée et ce levier placé en position haute, puis le levier supérieur est placé à son tour en position haute pour retirer les goupilles de verrouillage. Le nez est alors doucement forcé ouvert jusqu'à ce que le bras articulé autobloquant du haut se fixe en

position d'ouverture. Pour renforcer la porte en position ouverte par conditions venteuses, une corde doit être fixée sur la poignée du côté inférieur gauche et tendue par trois hommes.

(iii) Pour fermer la section frontale, la douille de fermeture du bras articulé doit être tirée en arrière jusqu'à ce qu'elle soit bloquée par un crochet de retenue à ressort de type "parapluie". Le procédé est alors l'inverse de celui décrit dans le sous-paragraphe (ii). Quand la section frontale est fermée, le levier haut, puis celui du bas, doivent être placés en position basse et le dernier fixé avec la courroie de sécurité.

(iv) Des glissières pliantes servant de rampes de chargement sont prévues pour permettre à des véhicules de rouler directement dans la carlingue. Pour plus de détails, se référer à l'AP.2097B vol. 1.

3. Piédestal des commandes : Un nouveau type de piédestal des commandes est installé ; les deux leviers d'aérofreins (9), qui existaient sur le Horsa I, sont absents puisqu'il n'y a pas d'aérofrein sur le Horsa II. Le compas (19) est monté en position centrale au-dessus du piédestal au lieu d'être à côté.

4. Freins : Le levier (2) n'est pas installé, les freins étant appliqués par l'un ou l'autre des deux leviers montés sur les volants de pilotage. Un verrou sur le levier de gauche permet de garder les freins serrés pendant le stationnement.

5. Indicateur d'angle de corde de remorquage Mark III
Cette version améliorée d'indicateur est installée. Il fonctionne de façon semblable au modèle Mark II. Un commutateur à la gauche du cadran doit être placé sur la position ON TOW (EN REMORQUAGE) avant le vol pour réaliser la connexion de l'indicateur au mécanisme de corde de remorquage. L'aiguille verticale n'a pas besoin d'être mise à zéro comme avec le modèle Mark II, et il n'y a pas de bouton d'ajustement. En vol libre le commutateur doit être tourné sur la position OFF pour débrancher l'instrument. La barre horizontale devient alors inopérante, mais ne disparaît pas du cadran ; l'aiguille verticale continue à fonctionner comme sur le modèle Mark II, voir le paragraphe 15.

6. Phare d'atterrissage : Un levier pour rétracter et abaisser le phare est monté sur le côté supérieur droit du piédestal des commandes ; il est placé vers l'avant (NORMAL) pour abaisser le phare, et en arrière (ELEVATE) pour le remonter.

7. Pistolet lance-fusées : Il est installé sur le côté intérieur du siège du Pilote droit au lieu de celui de gauche sur les modèles Mark I.

8. Buses de ventilation : Deux buses de ventilation sont installées, une de chaque côté du plancher du poste de pilotage, à l'extérieur des sièges ; elles peuvent être ajustées suivant les besoins.

9. Dégivrage : Un système de dégivrage pour la prise de pression et le tube Venturi est incorporé. Les détails des commandes seront publiés dans une prochaine révision.

A.P. 2097A-P.N. PART. I

Légende de la Figure 1

1. Commande de largage de fusée
2. Levier des freins de roue
3. Panneaux de vision claire
4. Commandes du poste radio T.R.9D
5. Crochets d'interconnexion des manches à balai droit et gauche.
6. Goupille de verrouillage pour (5)

| FIG. 1 | VUE GENERALE DU POSTE DE PILOTAGE | FIG. 1 |

A.P. 2097A-P.N. PART. I

FIG. 2

TABLEAU DE BORD ET COMMANDES

FIG. 2

A.P. 2097A et B - P.N., Partie I

Légende de la Figure 2

7. Barre du palonnier gauche
8. Altimètre
9. Leviers de commande des aérofreins
10. Carte de déviation du compas
11. Badin
12. Manomètre de pression d'air
13. Placard des limites de vol
14. Lumière du tableau de bord
15. Horizon artificiel
16. Variomètre
17. Indicateur de virage et de dérapage
18. Écrou-papillon pour verrouiller le volant de droite
19. Compas
20. Levier de largage de la remorque
21. Levier de largage du train d'atterrissage
22. Levier de commande des volets hypersustentateurs
23. Volant de commande du compensateur de la profondeur

Légende de la Figure 3

24. Rangement des flasques thermos
25. Rangement des cartouches de signalisation
26. Boîte de la batterie
27. Interrupteur des feux de navigation
28. Touche de télégraphie morse et commutateurs des lampes d'identification
29. Interrupteur des lampes de cabine
30. Boîte de fusibles
31. Rangement pour cartes
32. Interrupteur de lumière du tableau de bord
33. Ceinture de sécurité

FIG. 3 — POSTE DE PILOTAGE – Côté gauche

A.P.2097A et B - P.N., Partie II
3ème Édition

PARTIE II

INSTRUCTIONS DE MANOEUVRE POUR LES PILOTES

TABLE DES MATIÈRES

	Paragr.
Introduction	1
Limites de pilotage	2
Corrections d'erreur de position	3
Condition de l'appareil pour le vol	4
Préliminaires	5
Préparations pour le décollage	6
Décollage	7
Largage du train d'atterrissage	8
Montée	9
Meilleure position de remorquage	10
Vol en palier	11
Vol sans visibilité	12
Largage de la remorque	13
Perte de vitesse - décrochage	14
Vol plané	15
Approche et atterrissage	16
Après l'atterrissage	17
Situations d'urgence	18
Amerrissage	19
Démontage de la section de queue du fuselage	20

A.P.2097A et B - P.N., Partie II
3ème Édition

PARTIE II

INSTRUCTIONS DE MANOEUVRE POUR LES PILOTES

1. INTRODUCTION
   (i) Ces notes sont destinées à conseiller les Pilotes volant dans des combinaisons [22] de Horsa. Les Pilotes d'avion remorqueur devront également se reporter à la partie III ainsi qu'à l'annexe spécifique pour l'avion remorqueur utilisé.
   (ii) La méthode de communication (intercom ou visuel) à employer entre le planeur et les Pilotes de l'avion remorqueur, aussi bien au sol qu'en vol, doit être convenue et le code des signaux visuels à employer en cas d'urgence (ou si l'intercom ne doit pas être employé) doit être conforme au code fixé par le Commandement concerné.
   Note : Il est vital que les Pilotes de planeur et de l'avion remorqueur conviennent et comprennent le code des signaux à employer.
   LE PILOTE DE L'AVION REMORQUEUR est le CAPITAINE de la COMBINAISON.
   (iii) La direction dans laquelle le planeur et l'avion remorqueur tourneront après la séparation doit être conforme à la procédure établie par le Commandement concerné et doit être convenue entre les Pilotes.

2. LIMITES DE PILOTAGE
   (i) Les masses maximales autorisées sont :
       HORSA I : 15.500 livres *(7.030 kg)*.
       HORSA II : 15.750 livres *(7.144 kg)*.
       Les restrictions de masse s'appliquant aux combinaisons spécifiques sont données dans l'annexe spécifique à chaque avion de remorqueur.

---

[22] Le terme anglais "combination" désigne le couple avion remorqueur et planeur.

(ii) Les vitesses maximales autorisées au badin sont :

	m.p.h. [23]	km/h
Sous remorque *	160	*257*
En piqué	190	*306*
Volets demi-sortis	110	*177*
Volets déployés en grand	100	*161*

* Soit 150 m.p.h. en vitesse rectifiée (R.A.S.) [24] *(241 km/h)*.

Notes : (i) Toutes les vitesses limites et les vitesses de manœuvre citées dans ces notes sont sujettes aux restrictions provisoires qui peuvent être en vigueur à la date de publication de ces notes ou qui peuvent être imposées ensuite de temps en temps par des Instructions Spéciales.
(ii) La vitesse anémométrique rectifiée (R.A.S.) est indiquée ci-dessus pour l'usage des Pilotes des avions remorqueurs qui pourront faire la conversion en vitesse au badin de l'avion remorqueur.

3. CORRECTIONS D'ERREUR DE POSITION
À toutes les vitesses la correction peut être considérée comme étant égale à 10 m.p.h. *(16 km/h)* à soustraire à la valeur lue sur le badin.

4. CONDITION DE L'APPAREIL POUR LE VOL
Assurez-vous que la masse totale et la position du C.G. [25] sont dans les limites autorisées. Des charges lourdes ne doivent en aucun cas être emportées sans calculer la position du C.G. au moyen des diagrammes de chargement.
Les règles générales de chargement sont :
(a) Deux Pilotes, ou un premier Pilote et du ballast à la place du Second Pilote, doivent être à bord *[pour des raisons d'équilibrage des masses]*.
Note : Les planeurs ne doivent pas voler à vide sans Second Pilote (ou son équivalent en ballast).
(b) Toutes les charges doivent être réparties de façon égale de part et d'autre d'un point placé approximativement à un tiers de la longueur de corde en arrière du bord d'attaque de l'aile. [26]

---

[23] Unité de vitesse britannique : "milles terrestres par heure", laissée ici sous l'abréviation anglaise comme dans les documents traduits à l'époque en français. La valeur convertie en km/h a été ajoutée lors de la traduction.
[24] "Rectified Air Speed" : R.A.S. Aujourd'hui, le terme C.A.S. "Corrected Air Speed" est employé mais la terminologie de l'époque a été conservée lors de la traduction.
[25] C.G. : Center of Gravity (Centre de Gravité)
[26] La corde d'une aile est la distance en ligne droite reliant le bord d'attaque au bord de fuite.

5. PRÉLIMINAIRES
   Avant d'entrer dans le poste de pilotage :
   - (i) Vérifiez que tous les passagers sont assis et attachés, et le chargement arrimé. Communiquez la masse totale en charge [27] du planeur au Pilote de l'avion remorqueur.
   - (ii) Vérifiez que le planeur se trouve directement derrière l'avion remorqueur et sur le même cap, et que la roulette de nez est droite.
   - (iii) Si des parachutes de freinage sont installés, vérifiez que le couvercle de la boîte à parachute qui remplace la trappe de mitrailleuse arrière est maintenu fermé par la goupille de verrouillage et que la commande de largage est bien engagée. Vérifiez que la ligne statique du parachute est attachée au-dessus de la boîte.

     AVERTISSEMENT : Sur le Horsa II le Pilote doit vérifier que les leviers de blocage de la section frontale sont en position basse (de sécurité) et que le levier inférieur est bloqué par la courroie de sécurité.

   Dès l'entrée dans le poste de pilotage :
   - (iv) Testez le fonctionnement de la commande de largage de la remorque et vérifiez que la commande est laissée poussée à fond vers l'avant.
   - (v) Vérifiez que le levier de largage du train d'atterrissage est dans sa position correcte.

     Note : Sur certains planeurs le train d'atterrissage n'est pas largable.
   - (vi) Si des parachutes de freinage sont installés, vérifiez que le commutateur ON-OFF est sur OFF.
   - (vii) Assurez-vous que toutes les bouteilles d'air sont ouvertes, et vérifiez la pression :
     - (a) Minimum pour l'entraînement (sous réserve qu'il ne soit pas prévu de larguer le train d'atterrissage) : 150 psi [28] *(10,3 bars)*.
     - (b) Minimum pour l'usage opérationnel : 200 psi *(13,8 bars)*.
   - (viii) Si l'on prévoit de s'en servir, testez l'intercommunication avec l'avion remorqueur. Quand la ligne intercom est employée le commutateur de l'amplificateur doit être sur ON pour toute la durée du remorquage. Un code de signaux visuels doit, de toute façon, être convenu entre les Pilotes pour les cas d'urgence afin de pouvoir faire face à une éventuelle panne de l'intercom.
   - (ix) Assurez-vous de l'absence de points durs *[en manœuvrant les commandes de vol]*, et vérifiez que l'écrou-papillon sur le volant de commande de droite est bloqué.

---

[27] AUW = All-Up Weight : Masse totale d'un appareil prêt à décoller, avec équipage, passagers, cargaison, munitions et carburant.

[28] Unité de pression britannique : "livres par pouce carré", laissée ici sous l'abréviation anglaise "psi" ou "lb./sq.in." comme dans les documents traduits à l'époque en français. La valeur convertie en bars a été ajoutée.

(x) Vérifiez que les crochets de maintien des panneaux de vision claire en position ouverte fonctionnent correctement.
(xi) Vérifiez que toutes les cales de blocage ont été enlevées et que celles des gouvernes de profondeur sont rangées dans le poste de pilotage.

<u>AVERTISSEMENT</u> : Gardez les pieds à distance de sécurité des poulies de câble d'ailerons à la base du manche à balai.

6. PRÉPARATION POUR LE DÉCOLLAGE
   (i) <u>Check-list avant décollage</u> :

Volets hypersustentateurs	- UP
Goupille de verrouillage du levier des volets (si installée)	- Enlevée.
Pression d'air	- Min. 150 psi *(10,3 bars)*
(200 psi *(13,8 bars)* pour des vols opérationnels).	
Réglage des compensateurs	- Neutre (voir la Partie I).
Altimètre	- Zéro.
Freins	- Desserrés.

   (ii) Lorsque prêt à décoller, demandez au Pilote de l'avion par l'intercom :
   (a) De prendre le mou de la corde de remorquage.
   (b) De décoller : quand le planeur commence à se déplacer.

7. DÉCOLLAGE
   (i) Restez dans l'alignement de l'avion remorqueur.
   (ii) À une marge suffisante au-dessus de la vitesse de décrochage (voir paragraphe 14) tirez doucement sur le manche et restez à proximité du sol jusqu'à ce que l'avion remorqueur décolle.
   (iii) Quand l'avion remorqueur a décollé, élevez-vous doucement pour maintenir une position de remorquage haute ("High tow") comme défini au paragraphe 10.
   (iv) Si l'indicateur Mk II doit être employé, laissez passer trois minutes après le décollage pour que le compas gyroscopique s'aligne avant de faire le zéro de l'indicateur. Ceci doit être fait lorsque l'avion remorqueur vole en ligne droite avec le planeur bien centré au-dessous du sillage de l'avion (l'instrument ne fonctionne qu'en position de remorquage basse ("Low tow")).

   NOTE : Avec l'indicateur d'angle de câble de remorquage Mark III le commutateur à la gauche de l'instrument doit être placé à ON TOW [29] et il n'y a aucun besoin de remettre l'indicateur à zéro.

---

[29] ON TOW = En remorquage.

8. LARGAGE DU TRAIN D'ATTERRISSAGE
   Le train d'atterrissage ne doit pas être largué à moins de 200 pieds *(60 m)* car il peut rebondir et frapper l'arrière du planeur. Lors de vols d'entrainement, le train d'atterrissage doit seulement être largué, lorsque autorisé, avec l'emploi d'un parachute et ne doit pas être libéré à moins de 200 pieds *(60 m)* ou 115 m.p.h. *(185 km/h)* au badin. Évitez de larguer le train d'atterrissage si la vitesse du vent est de plus de 10 m.p.h. *(16 km/h)* car il peut être endommagé s'il touche le sol avec beaucoup de dérive. Les largages d'entrainement au-dessus des pistes ou d'autres surfaces dures doivent être évités.

9. MONTÉE
   Restez aligné derrière l'avion remorqueur et évitez d'aller trop haut au-dessus de lui car cela compromettrait l'assiette de l'avion remorqueur.

10. MEILLEURE POSITION DE REMORQUAGE
    Pour obtenir le taux maximal de montée avec une distance franchissable optimale il est important, une fois atteint un régime de montée stable et en palier, de maintenir le planeur dans une position correcte par rapport à la trajectoire de vol de l'avion remorqueur. Les positions recommandées sont comme suit :
    (i) Position de remorquage haute ("High tow") : Le planeur est directement derrière et à une demi-envergure de l'avion remorqueur au-dessus de ce dernier (avec l'expérience, cette position peut être évaluée en observant la position de la dérive de l'avion remorqueur par rapport à ses ailes) ; il n'est pas suffisant de rester juste hors du sillage de l'avion remorqueur.
    (ii) Position de remorquage basse ("Low tow") : Le planeur est directement derrière et une demi-envergure de l'avion remorqueur au-dessous de ce dernier. Cette position doit être préférée, sauf pendant la montée initiale, pour les raisons suivantes :
    (a) Le planeur a tendance à maintenir cette position plus naturellement que dans la position haute.
    (b) La position verticale correcte est telle que le planeur est juste sous le sillage de l'avion remorqueur et cette position est donc plus facile à évaluer.
    NOTE :
    (i) Aussi bien en position de remorquage haute que basse, le planeur ne doit pas être autorisé à évoluer au-delà d'une envergure de l'avion remorqueur au-dessus ou au-dessous de lui, car dans ce cas la trainée générée devient excessive.
    (ii) Les diagrammes (Figures 1 et 2) montrent le rapport entre les éléments saillants des silhouettes de l'avion remorqueur, tels que vus à partir du planeur en volant dans les positions MEILLEURES et LIMITES pour les positions de remorquage haute et basse. Les véritables positions MEILLEURES et

LIMITES sont variables en fonction du chargement de l'avion remorqueur et la vitesse, en particulier dans certains conditions la position basse MEILLEURE telle qu'illustrée peut se trouver au bord, ou juste à l'intérieur du sillage de l'avion remorqueur. Les silhouettes, qui sont basées sur des angles d'incidence à certains chargements et vitesses spécifiques, doivent donc être considérées seulement comme des indications générales. Les Pilotes trouveront les positions de remorquage haute et basse les plus confortables par expérience et, comme il est fatigant de maintenir une position donnée pendant de longues périodes, une certaine variation est permise, pourvu que le contour de l'avion remorqueur demeure entre les positions représentées par les silhouettes marquées MEILLEURES et LIMITES. Les reproductions des différentes silhouettes de chaque avion remorqueur sur des posters à une plus grande échelle sont disponibles sur demande auprès de l'A.P.F.S., Fulham Rd., Londres, S.W.3 en utilisant le formulaire R.A.F. 294A et en mentionnant les références suivantes :

WHITLEY	Poster de position de remorquage	N°2
HALIFAX	" " " " "	N°3
ALBEMARLE	" " " " "	N°4
WELLINGTON	" " " " "	N°5
LANCASTER	" " " " "	N°6
DAKOTA	" " " " "	N°7
STIRLING	" " " " "	N°8

11. <u>VOL EN PALIER</u>
    (i) Un peu de mou dans la corde de remorquage peut être accepté mais le manche à balai doit être poussé légèrement vers l'avant pour empêcher un à-coup lorsque le mou est pris par l'avion remorqueur. Si le mou est grand, il doit être pris en tirant le manche à balai légèrement en arrière jusqu'à ce que la corde soit presque tendue, moment où le manche doit être poussé en avant pour réduire au minimum le risque d'à-coup.
    (ii) Lors des virages, restez directement derrière (ou légèrement à l'intérieur de) l'avion remorqueur.
    (iii) <u>Vol à travers des nuages</u> : Si le planeur entre dans des nuages, le Pilote du planeur doit libérer la remorque immédiatement à moins qu'un indicateur d'angle de corde de remorquage soit installé et que le vol sans visibilité ait été autorisé.

12. <u>VOL SANS VISIBILITÉ (avec emploi de l'indicateur d'angle de remorquage Mk II)</u>
    (i) <u>En remorquage</u> : Voler en position de remorquage basse "Low tow" ; les corrections nécessaires doivent être faites avec les gouvernes de profondeur et les ailerons aidés selon les besoins par le gouvernail de direction. L'inclinaison de l'indicateur vertical indique le départ du

planeur de son angle correct d'inclinaison et l'indicateur doit être "poussé" doucement vers la position zéro en agissant sur les ailerons.

(ii) Dès que l'indicateur arrive à la position zéro, une légère action des ailerons dans le sens opposé doit être appliquée pour arrêter l'indicateur et pour empêcher le planeur de dépasser la position correcte. Cette technique s'applique de la même façon que ce soit en vol en palier, en virage, en montée ou en descente. Le mouvement de la barre horizontale indique le départ correspondant du planeur de sa position verticale correcte qui doit être corrigée en poussant doucement sur la commande de profondeur afin de ramener la barre sur la position zéro. Par mauvais temps, une certaine oscillation de la barre horizontale se produit (en raison des mouvements de la corde de remorquage) mais la position verticale du planeur est indiquée par la moyenne des limites de l'oscillation et aucune tentative de corriger l'oscillation n'est nécessaire (avec l'indicateur Mark III cette oscillation n'est pas aussi prononcée).

(iii) <u>En vol libre</u> : L'indicateur vertical peut être employé comme un horizon artificiel pour indiquer l'angle d'inclinaison, les corrections sont appliquées avec les ailerons comme lors du remorquage (avec l'indicateur Mark III le commutateur doit être sur la position OFF. La barre horizontale ne disparaît pas mais doit être ignorée).

13. <u>LARGAGE DE LA REMORQUE</u>

(i) Ceci doit être fait en vol en palier avec le planeur au niveau ou au-dessus de l'avion remorqueur. Sauf en cas d'urgence, ne larguez pas si le planeur est placé plus bas que l'avion remorqueur. La vitesse doit être d'au moins 90 m.p.h. *(145 km/h)* au badin et après le largage, l'avion remorqueur tournera dans la direction convenue.

(ii) En fonction des charges militaires présentes, le compas magnétique peut être considérablement affecté. S'il est nécessaire que le planeur vole sur un cap au compas après avoir largué la remorque, l'avion remorqueur doit voler de façon constante sur le cap requis, et doit lire le cap indiqué au Pilote du planeur par l'intercom avant largage de la remorque. Le Pilote du planeur doit noter la valeur correspondante sur son propre compas.

(iii) Si le décollage est abandonné, par l'avion remorqueur ou par le Pilote du planeur, la corde doit être libérée et le planeur doit alors tourner comme convenu.

14. <u>PERTE DE VITESSE</u>

(i) Vitesses au badin lors du décrochage

Volets	Légèrement chargé	À pleine charge
Relevés	54 m.p.h. *(87 km/h)*	69 m.p.h. *(111 km/h)*
Baissés	43 m.p.h. *(69 km/h)*	55 m.p.h. *(89 km/h)*

(ii) Si la vitesse de décrochage est approchée rapidement, ou si le manche à balai est tenu bien en arrière après une approche lente, une aile peut s'abaisser doucement.

15. VOL PLANÉ
    (i) Les vitesses au badin suivantes, (avec le train d'atterrissage) sont recommandées :

Volets	Légèrement chargé	À pleine charge
Relevés	70 m.p.h. *(113 km/h)*	85 m.p.h. *(138 km/h)*
À demi-baissés	65 m.p.h. *(105 km/h)*	75 m.p.h. *(121 km/h)*

    (ii) Avec les volets hypersustentateurs entièrement baissés, la trajectoire de descente est extrêmement inclinée. Les volets hypersustentateurs peuvent être relevés à la position demi-baissés sans enfoncement appréciable ; il n'est pas nécessaire d'augmenter la vitesse.

16. APPROCHE ET ATTERRISSAGE
    (i) Les volets hypersustentateurs peuvent être baissés jusqu'à la position demi-baissés lors d'une approche avec vent de travers pour ajuster l'altitude.
    (ii) Prenez le virage final vers le terrain d'atterrissage avec les volets hypersustentateurs demi-baissés et lorsqu'il est certain que le terrain d'atterrissage peut être atteint, abaissez les volets hypersustentateurs entièrement.
    (iii) La trajectoire de descente avec les volets hypersustentateurs entièrement sortis est raide, et il faut être vigilant, en particulier par vents forts, de ne pas aller trop loin sous le vent. Les volets hypersustentateurs peuvent être relevés à la position demi-baissés si l'on se retrouve dans cette situation, mais il faut se rappeler que la réponse est lente. Les volets hypersustentateurs ne doivent pas être entièrement relevés aux vitesses normales de descente avec les volets hypersustentateurs sortis, et même si la vitesse est augmentée afin de les rentrer entièrement, ceci ne sera pas suffisant pour corriger un atterrissage court à cette étape de l'approche.
    (iv) Les vitesses recommandées pour l'approche finale directe, avec les volets hypersustentateurs entièrement sortis, sont :
    Légèrement chargé   60 m.p.h. *(96 km/h)* au badin
    À pleine charge   75 à 80 m.p.h. *(121 à 129 km/h)* au badin
    (v) Arrondissez et touchez sur les deux roues principales avec une attitude légèrement cabrée, abaissez le planeur doucement sur la roue avant, puis, quand les trois roues sont au sol, appliquez les freins.
    Note : Sur les modèles anciens, l'action des freins n'est pas différentielle.

(vi) Technique d'atterrissage à l'aide de parachutes de freinage :
L'approche est faite normalement à des vitesses jusqu'à 100 m.p.h. *(160 km/h)* au badin. À environ 50 pieds *(15 m)* actionnez l'interrupteur à bascule et commencez à arrondir (il y a un délai de trois secondes après le basculement de l'interrupteur avant l'ouverture des parachutes).

(vii) Quand les parachutes s'ouvrent il y a une légère tendance à piquer qui peut être corrigée par l'utilisation des gouvernes de profondeur. Comme le planeur descend brutalement vers le sol après l'ouverture des parachutes, ne restez pas en palier au-dessus de 30 pieds *(9 m)*.

AVERTISSEMENT : Si les parachutes se déclenchent prématurément, en remorquage ou non, l'interrupteur à bascule et le bouton de largage doivent être actionnés immédiatement, car l'action des parachutes va faire soudainement décrocher le planeur.

17. APRÈS L'ATTERRISSAGE
    (i) Remontez les volets hypersustentateurs.
    (ii) Pour être remorqué *[au sol]* vent arrière, les commandes doivent être gardées centrées, ou si le planeur n'est pas occupé toutes les gouvernes et les volets hypersustentateurs doivent être bloqués.
    (iii) Parquez le planeur face au vent avec les gouvernes et les volets hypersustentateurs bloqués. Le levier des volets hypersustentateurs doit être verrouillé en position UP à l'aide de la goupille (si prévue).

18. SITUATIONS D'URGENCE
    (i) Bien que le Pilote de l'avion remorqueur soit CAPITAINE de la combinaison, le Pilote du planeur peut, en cas d'urgence, larguer la remorque et prendre toute autre mesure de sa propre initiative ; il doit, cependant, avertir le Pilote de l'avion remorqueur d'abord si possible.
    (ii) Abandon du remorquage avant le décollage de l'avion remorqueur :
    Le Pilote du planeur doit larguer la remorque, en premier si possible ; atterrir (s'il a décollé) ; appliquer les freins et tourner selon les besoins.
    (iii) Panne moteur au décollage après le décollage de l'avion remorqueur : S'il est averti à temps, le Pilote du planeur doit larguer la remorque d'abord et atterrir droit devant. Il peut faire des virages partiels pour éviter l'avion remorqueur ou d'autres obstacles mais il ne doit en aucune circonstance essayer de retourner au terrain d'atterrissage. À moins qu'il n'y ait un espace suffisant pour un atterrissage normal, le train d'atterrissage doit (si possible) être largué.

(iv) Rupture du crochet de remorquage ou de la patte d'oie : Si le crochet ou la corde de remorquage d'un côté de la patte d'oie cède, il n'y a aucun besoin de larguer la remorque. La position de remorquage peut être maintenue et des virages effectués sans difficulté comme suit :
  - (a) À l'aide des ailerons seulement. Le gouvernail de direction doit seulement être utilisé pour contrôler le lacet initial et jusqu'à ce que le planeur prenne une position telle que la corde de remorquage soit dans l'axe direct derrière l'avion remorqueur, le planeur volant légèrement du côté où la corde est restée attachée.
  - (b) Une position alternative consiste à se placer directement derrière l'avion remorqueur et en ligne avec lui ; elle peut être maintenue en appuyant un peu les ailerons pour voler avec l'aile du côté où la corde est restée attachée légèrement vers le bas.

19. AMERRISSAGE
    - (i) Voir l'A.P.2095 [30] et retenez : La trappe du toit du Pilote (si installée) doit être ouverte dès que la décision d'amerrir est prise. Si la trappe du toit du Pilote n'a pas été installée, un (ou plusieurs) panneau(x) du poste de pilotage doit (doivent) être défoncé(s) avec n'importe quel outil disponible. Si des passagers sont transportés, ils doivent ouvrir la trappe de mitrailleuse supérieure et être prêts à percer des sorties additionnelles comme dans les situations présentées par l'A.D.3913 et l'A.D.3913A. [31] Aucune tentative ne doit être faite pour créer des sorties sauf aux couples n°3 et 15 qui sont peints en rouge, et, après l'amerrissage, aux endroits adjacents dont le revêtement du fuselage est peint en jaune. Sur les planeurs récents Mk II, deux trappes d'évacuation sont présentes dans le toit, une à droite de l'axe central en avant de la porte coulissante avant, et une sur l'axe central entre la trappe de mitrailleuse et la porte coulissante arrière. Pour ouvrir une trappe, tirez la poignée de secours à gauche du panneau ; ceci déchire la bande de fixation et la trappe peut alors être poussée à l'extérieur. Les flèches luminescentes dans la carlingue indiquent la direction des trappes et permettent de les trouver dans l'obscurité. Des instructions luminescentes sont également présentes sur chaque trappe.
    - (ii) Le train d'atterrissage causera une décélération et un enfournement violents de sorte que, s'il est encore en place, il doit être largué *[avant l'amerrissage]*. Les volets hypersustentateurs augmentent le taux de descente et l'attitude à piquer, mais ils peuvent être abaissés à la position 40° pour réduire la vitesse vers l'avant, à condition que la

---

[30] Air Publication 2095 "*Pilots Notes General*" : Notes Générales pour les Pilotes, publiées pour la première fois en juin 1941, puis révisées en avril 1943, 1946, 1949, etc.
[31] "A.D." : Air Diagram : poster d'information.

visibilité soit bonne et que le Pilote soit sûr de pouvoir juger l'altitude avec exactitude pour arrondir à temps et éviter un impact sur le nez.

(iii) À l'impact, bien que la décélération ne devrait pas être brutale, la partie inférieure du nez va presque certainement se briser et le fuselage se remplira rapidement jusqu'au niveau des ailes, puis les ailes doivent permettre de garder le planeur à flot pendant un temps très long.

Avertissement :
Pour tous les vols, que ce soit d'entrainement ou opérationnel, au-dessus de la mer, le dispositif de verrouillage au sol du train d'atterrissage doit être laissé débloqué pour permettre au Pilote de larguer le train d'atterrissage si un amerrissage s'avère nécessaire.

20. DÉMONTAGE DE LA SECTION DE QUEUE DU FUSELAGE : pour déchargement rapide de la cargaison.

Le Pilote doit connaitre la procédure à suivre pour démonter rapidement la section de queue du fuselage ; il doit également s'assurer que les passagers la connaissent comme indiqué dans l'A.P.2453D, Vol. I, Partie 3, Section l. [32]

---

[32] Air Publication 2453D "*Airborne Forces and Supply by Air : Carriage of Equipment*".

A.P. 2097-A, PN　　　DIAGRAMME DES POSITIONS DE REMORQUAGE　　　PN, PARTIE II

Position de remorquage haute 'high tow'	WHITLEY – LIMITE HAUTE / MEILLEURE HAUTE	HALIFAX – LIMITE HAUTE / MEILLEURE HAUTE	ALBEMARLE – LIMITE HAUTE / MEILLEURE HAUTE	WELLINGTON – LIMITE HAUTE / MEILLEURE HAUTE
Position de remorquage basse 'low tow'	MEILLEURE BASSE / LIMITE BASSE	MEILLEURE BASSE / LIMITE BASSE	MEILLEURE BASSE / LIMITE BASSE	MEILLEURE BASSE / LIMITE BASSE

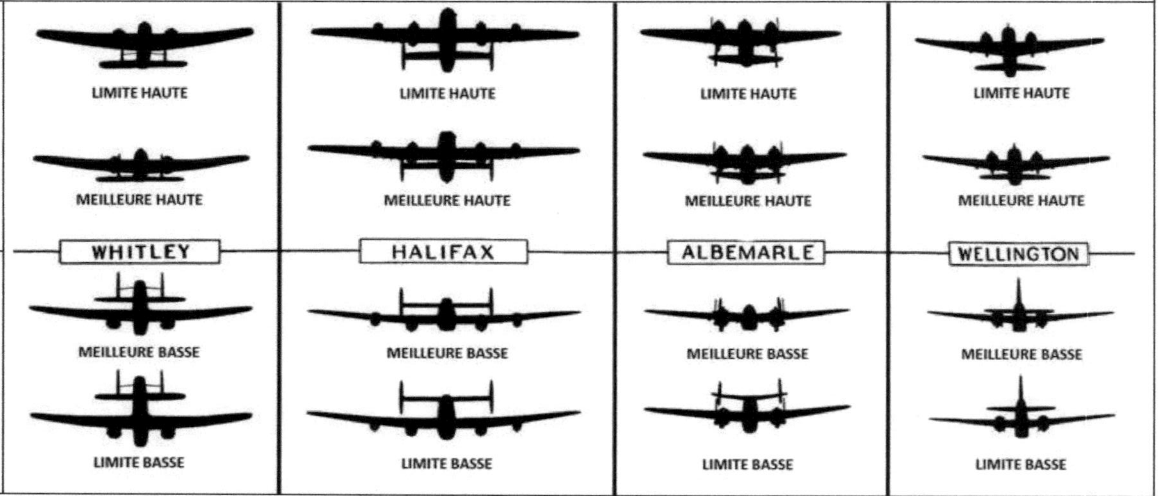

FIG 1

1. En volant dans les MEILLEURES positions de remorquage HAUTES (ou BASSES), l'avion remorqueur devrait apparaître comme les silhouettes marquées 'MEILLEURE HAUTE (ou BASSE)'.
2. Le planeur ne devrait pas être autorisé à aller au-dessus (ou au-dessous) des positions dans lesquelles l'avion remorqueur apparaît tel que les silhouettes marquées 'LIMITE HAUTE (ou BASSE)'.

FIG 1

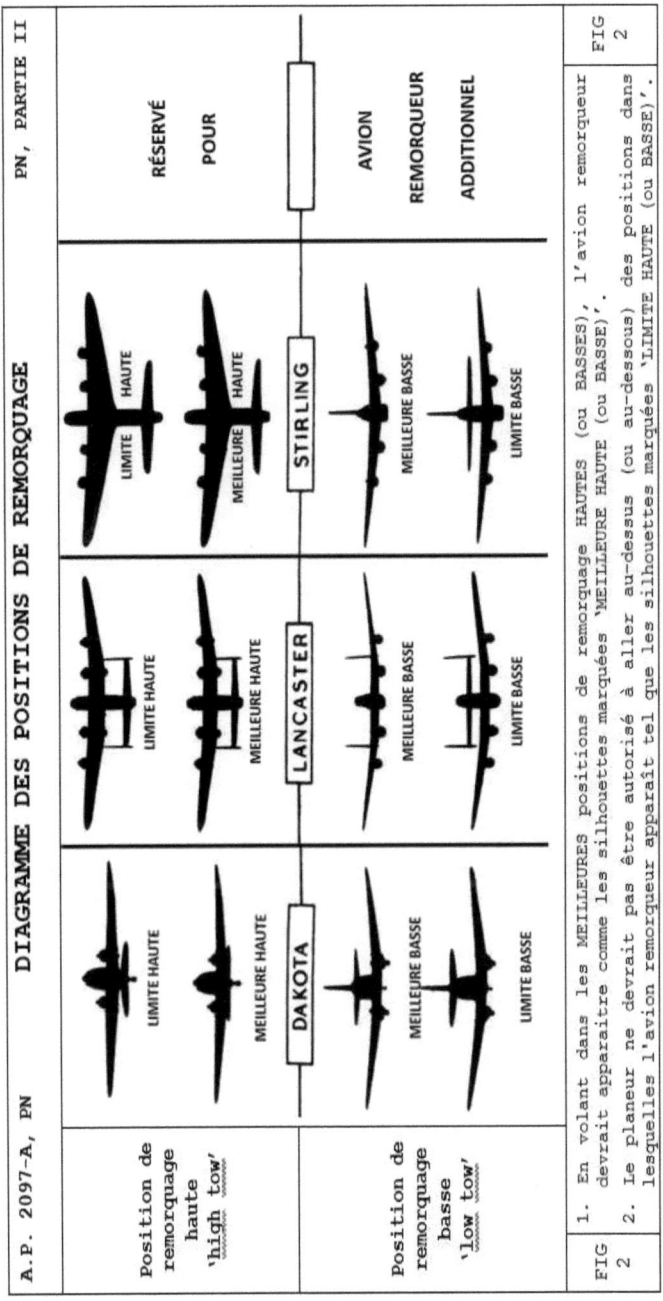

A.P.2097A&B - P.N., PARTIE III
3ème Édition

PARTIE III

NOTES GÉNÉRALES POUR LES PILOTES D'AVIONS REMORQUEURS

Toutes les limites normales et recommandations de manœuvre des Notes à l'intention des Pilotes pour l'avion de remorquage spécifique doivent être appliquées, en incluant les modifications et compléments des instructions de cette annexe, ainsi que de l'annexe spécifique couvrant l'avion particulier à employer. Ces annexes s'appliquent seulement aux versions (Mark) de l'avion concerné qui ont été formellement approuvées pour remorquer chaque type de planeur.

1. <u>GÉNÉRALITÉS</u>
   (i) Lorsqu'un planeur est remorqué, les performances générales ne seront pas aussi bonnes que celles de l'avion remorqueur en vol normal seul. Le remorquage demande de l'attention de la part des Pilotes, notamment lors du décollage, et durant la phase de montée initiale. Une vigilance particulière est également nécessaire pour éviter la surchauffe des moteurs.

   (ii) La méthode de signalisation et le code des signaux visuels à employer en cas d'urgence (ou s'il n'y a pas d'intercom installé) doivent être convenus avec le Pilote du planeur. Le PILOTE de l'AVION remorqueur est à tout moment CAPITAINE de la COMBINAISON mais les Pilotes de planeur peuvent en cas d'urgence, ou en cas de vol sans visibilité dans un nuage, larguer la corde de remorquage et prendre toute action nécessaire de leur propre initiative ; si possible, ils doivent, cependant, avertir le Pilote de l'avion remorqueur d'abord.

   (iii) La direction dans laquelle le planeur et l'avion remorqueur tourneront après la séparation doit être convenue entre les Pilotes.

2. <u>LIMITES DE PILOTAGE</u>
   (i) <u>Masses</u> : Les combinaisons ont été approuvées pour voler à certaines masses maximales ; celles-ci sont données dans l'annexe spécifique à l'avion remorqueur.

   (ii) <u>Vitesse</u> : Les limites de vitesse sont indiquées dans les annexes spécifiques en termes de valeurs au badin pour l'avion remorqueur et pour le planeur. Cependant, quand des restrictions temporaires de vitesse sont en vigueur pour le planeur, ou si aucune limite correspondante n'est indiquée pour l'avion remorqueur, le Pilote de l'avion remorqueur devra calculer la vitesse qu'il devra afficher au badin de son appareil, comme suit :

Corrigez la vitesse limite au badin pour le planeur de l'erreur de position. Ceci donne la vitesse limite en termes de vitesse anémométrique rectifiée (R.A.S.).

Appliquez à cette valeur de R.A.S. la correction d'erreur de position spécifique pour l'avion remorqueur à l'opposé, c.-à-d. si la correction d'erreur de position est positive, soustrayez-là et vice-versa.

   (iii) Limites de moteur : Sauf indication contraire dans l'annexe spécifique, les restrictions normales pour le type d'avion doivent être observées.

3. PRÉLIMINAIRES
   - (i) En tant que CAPITAINE de la combinaison, le Pilote de l'avion remorqueur doit vérifier que les masses des appareils sont conformes aux limites et que l'état de chaque appareil et la répartition des charges sont conformes à toutes les conditions spéciales requises pour la mission.
   - (ii) Pour éviter la surchauffe pendant la prise d'altitude, faites tourner les moteurs le moins possible au sol. Si, après avoir atteint le seuil de la piste, le décollage est retardé, les moteurs doivent être arrêtés. Une batterie au sol doit être disposée au point de décollage pour permettre le redémarrage.
   - (iii) Vérifiez la position du planeur.
   - (iv) Vérifiez que la corde est correctement attachée, testez le mécanisme de largage rapide, rattachez la corde en s'assurant que le crochet est verrouillé et que le levier de largage est en position de remorquage. Si le crochet est attaché à une rotule de remorquage articulée, vérifiez que celle-ci n'est pas bloquée.
   - (v) Après avoir convenu du code des signaux visuels avec le Pilote ou les Pilotes du planeur, testez l'intercom (s'il est prévu de s'en servir) avec le planeur avec les moteurs en marche. Pour l'intercom par câble, le commutateur doit être placé sur MIX ou rester sur LINE pendant toute la durée du remorquage d'un planeur.

4. DÉCOLLAGE
   - (i) Vérifications avant décollage :
     - (a) CHECK-LIST : Voir l'annexe spécifique *[à l'avion remorqueur]*.
       Note : Le réglage recommandé des compensateurs pour le décollage peut changer en fonction de la charge de l'avion remorqueur et est donné seulement à titre indicatif.
     - (b) Sauf par temps très froid, et quand l'expérience indique que les températures limites ne seront pas excédées lors de la montée, ne décollez pas si les températures des moteurs sont au-dessus de celles recommandées dans l'annexe spécifique.

(c) Dégommez les moteurs avant le décollage.
(ii) Décollage
NOTE : Il est recommandé d'avoir un membre de l'équipage prêt à actionner le largage de la remorque s'il devient nécessaire d'abandonner le remorquage pendant le décollage. Il est recommandé que le même membre de l'équipage soit désigné pour cette tâche à chaque décollage, car une bonne coopération est importante.
(a) Quand il est prêt, le Pilote du planeur donnera le signal "*Take up slack*" (Tendez la corde de remorquage).
(b) Pour éviter de prendre le mou trop soudainement, les moteurs peuvent être montés en régime lentement contre les freins qui seront libérés progressivement pour permettre à l'avion remorqueur d'avancer doucement et de façon régulière. Le Pilote du planeur signalera "*Take off*" (Décollage) quand le planeur commence à se déplacer, et le Pilote de l'avion remorqueur devra alors ouvrir les gaz sans hésitation pour s'assurer que la remorque ne va pas se relâcher car le planeur pourrait rouler dessus.
(c) Toute tendance à virer doit être contrée promptement avant qu'elle ne se transmette au planeur.
(d) Soulevez l'avion remorqueur du sol et rétractez le train d'atterrissage et les volets hypersustentateurs (s'ils ont été utilisés) selon des recommandations de l'annexe spécifique.
NOTE : Il sera habituellement nécessaire d'ajuster les compensateurs après la rentrée du train d'atterrissage et des volets hypersustentateurs. Le réglage exact dépend de la masse et de la position du C.G. de l'avion remorqueur, ainsi que de la masse et de la position du planeur par rapport à l'avion (plus il vole haut, plus il va tirer l'avion dans une attitude "à piquer"), et il n'est pas possible de donner ici un réglage standard pour les compensateurs.

5. MONTÉE
(i) Montez de manière continue à la vitesse recommandée par l'annexe spécifique. Si la vitesse recommandée est au-dessous de la vitesse de sécurité de l'avion, le Pilote doit, en cas de panne de moteur avant qu'une altitude de sécurité soit atteinte, avertir le Pilote du planeur (si possible), libérer la remorque, fermer les manettes des gaz et réaliser le meilleur atterrissage possible.
(ii) Employez la pression d'admission et les tr/min maximums.
(iii) Les volets des radiateurs d'huile (s'ils ne sont pas automatisés) et les volets de refroidissement des moteurs (ou les volets des radiateurs, s'ils ne sont pas automatisés) doivent être ajustés selon les besoins ; les volets doivent, cependant, ne pas être ouverts au-delà de la

position recommandée dans l'annexe spécifique, car sinon la trainée engendrée sera excessive.

(iv) (a) Si les températures d'huile et/ou de cylindre (ou du liquide de refroidissement) approchent des limites, augmentez la vitesse au badin jusqu'à la vitesse recommandée dans l'annexe spécifique.

(b) Si la surchauffe persiste réduisez les tr/min comme recommandé mais maintenez la même vitesse augmentée au badin sauf si l'annexe spécifique recommande une autre vitesse pour ce cas.

NOTE : Ces mesures réduiront le taux de montée et le plafond.

6. VOL DE CROISIÈRE

(i) La combinaison peut voler à la vitesse la plus élevée qui peut être maintenue en utilisant la puissance de croisière maximale à condition que la vitesse maximale de remorquage autorisée ne soit pas excédée.

(ii) Les annexes spécifiques donnent une vitesse au badin recommandée pour la distance franchissable maximale et pour le cas où les températures moteur excèdent les limites en volant à une vitesse élevée (cette vitesse est également la vitesse minimale confortable à laquelle la combinaison peut voler pendant de longues périodes). Pour voler à la vitesse au badin ci-dessus employez le mélange pauvre (sauf quand ce n'est pas possible : voir (iv)) et la pression d'admission la plus élevée (n'excédant pas le maximum autorisé pour le mélange pauvre de croisière) en ajustant les tr/min, qui peuvent être aussi bas que possible, selon les besoins.

(iii) Ajustez les volets des radiateurs d'huile et de radiateur (s'ils ne sont pas automatisés) ou les volets de moteurs selon les besoins. Ces volets doivent, cependant, ne pas être ouverts au-delà des positions recommandées dans les annexes spécifiques.

(iv) Si la vitesse au badin recommandée ne peut pas être maintenue à l'altitude opérationnelle requise sur mélange pauvre, ou si, en volant à la vitesse au badin recommandée, les moteurs surchauffent toujours, passez sur mélange riche (si une commande de mélange est présente), et sur tous les moteurs britanniques (pour les moteurs américains voir la NOTE) augmentez la pression d'admission à la valeur la plus élevée possible (n'excédant pas le maximum autorisé pour le mélange riche de croisière) en ajustant les tr/min, qui peuvent être aussi bas que possible, pour obtenir la vitesse au badin recommandée. Dans les cas où ces mesures seraient nécessaires, les annexes spécifiques incluent une note à ce sujet. En certains cas un meilleur refroidissement sur mélange riche peut être obtenu en volant à une vitesse plus élevée que celle recommandée pour la distance franchissable maximale : quand c'est le cas les annexes spécifiques donnent les détails complets.

NOTE : Pour les moteurs américains, des restrictions de tr/min minimums s'appliquent lors du fonctionnement à des pressions d'admission au-dessus du maximum autorisé sur mélange pauvre. Il est donc nécessaire d'employer un réglage combinant la poussée la plus élevée aux tr/min les plus bas possibles (dans les limites présentées sous forme de tableaux pour les différents moteurs dans les annexes spécifiques) qui donneront la vitesse au badin recommandée. Ceci peut être fait comme suit :

- (a) Choisissez les tr/min les plus élevés autorisés sur le mélange riche de croisière.
- (b) Ajustez la pression d'admission jusqu'à voler légèrement plus rapidement que la vitesse au badin recommandée.
- (c) Réduisez alors les tr/min selon les besoins.
- (d) Si l'on constate que la combinaison de la pression d'admission et des tr/min n'est pas conforme aux données du tableau, les deux paramètres, pression d'admission et tr/min, doivent être ajustés jusqu'à ce que le meilleur réglage (c.-à-d. la pression d'admission la plus haute possible et les tr/min les plus bas autorisés) soit trouvé qui donne la vitesse au badin exigée.

(v) L'utilisation du mélange riche entraine une diminution de la distance franchissable de sorte que (sauf si le mélange riche est employé parce que les températures ne peuvent pas être maintenues dans des limites sur mélange pauvre) quand suffisamment de carburant a été consommé et la masse réduite pour permettre de maintenir la vitesse au badin recommandée à la puissance maximale sur mélange pauvre, un changement de la pression d'admission et des tr/min sur mélange pauvre (et passage sur mélange pauvre si une commande de mélange est présente) doit être fait.

(vi) L'utilisation du rapport S *[des compresseurs]* [33] réduit la distance franchissable et implique généralement des températures plus élevées des moteurs. Il est rarement nécessaire de voler tellement haut qu'une plus grande puissance sera fournie en vitesse S par rapport au rapport M tandis que, surtout par temps chaud, le refroidissement est généralement le facteur critique sur tous les types d'avions avec un planeur en remorque. Il est donc recommandé que le rapport S ne soit pas utilisé ; en fait son utilisation est interdite sur tous les avions remorqueurs équipés de moteurs Hercules.

(vii) Les virages doivent être entamés graduellement et, à la vitesse de croisière recommandée, ne doivent excéder un taux de 1. À des vitesses plus élevées, jusqu'au maximum autorisé, des taux de virage jusqu'à 1½ ou 2 en cas d'urgence sont faisables. [34]

---

[33] Vitesse des compresseurs : Rapport S (ou FS) = Vitesse Haute (Full Speed - HIGH gear) ; rapport M (ou MS, ou MOD) = Vitesse basse (Moderate Speed - LOW gear).

[34] Virage de taux 1 = Virage "standard". C'est un virage de 360° effectué en 2 minutes (ce qui donne 180° en une minute, d'où son appellation "rate one" = "de taux 1"). Avec un taux 2, l'avion vire de 180° en 30 secondes.

(viii) <u>Descente en remorquage</u> :
  (a) Maintenez les tr/min au même réglage que pour le vol en palier et ajustez les manettes des gaz pour maintenir une vitesse au badin stable environ 10 à 15 m.p.h. *(16 à 24 km/h)* au-dessous du maximum autorisé, avec un taux de descente n'excédant pas 800 pieds par minute *(244 m/min)*. L'utilisation partielle des volets hypersustentateurs peut s'avérer utile.
  (b) Les volets des radiateurs ou les volets de refroidissement des moteurs, et les volets de radiateurs d'huile (si réglables) doivent être ajustés selon les besoins.
  (c) La ressource doit être progressive, les manettes des gaz étant ouvertes légèrement pour maintenir la vitesse.
(ix) <u>Vol par temps nuageux</u> :
  Évitez de voler dans les nuages, si c'est inévitable le Pilote du planeur larguera la remorque (sauf si un indicateur d'angle de corde de remorquage est installé et que le vol sans visibilité a été autorisé).

7. <u>SÉPARATION</u>
  Le Pilote de l'avion remorqueur donnera l'ordre de séparation et ne doit pas (excepté en cas d'urgence) libérer la remorque tant que le planeur ne l'a pas fait. Le Pilote de l'avion remorqueur doit éviter de se placer sur la route du planeur. Après la séparation ajustez les compensateurs selon les besoins. Aucun réglage standard ne peut être recommandé pour les raisons données dans la note du paragraphe 4(ii)(d).
  NOTE : S'il est nécessaire que le planeur vole sur un cap au compas après avoir largué la remorque, une vérification particulière du compas peut être nécessaire : voir la partie II, paragraphe 13.

8. <u>LARGAGE DE LA CORDE</u>
  Lors de vols d'entrainement, volez face au vent à environ 400 pieds *(122 m)* et libérez la corde ou les cordes au-dessus de la zone réservée pour leur récupération. Si une rotule de remorquage articulée est installée le Pilote doit demander à l'équipage de la bloquer.

9. <u>SITUATIONS D'URGENCE</u>
  (i) <u>Abandon du remorquage avant le décollage de l'avion remorqueur</u> :
  Sauf en cas de nécessité, le Pilote de l'avion remorqueur ne doit larguer la remorque qu'après le Pilote du planeur. Il coupera les gaz et appliquera les freins. Le planeur larguera la remorque, appliquera les freins et tournera selon les besoins pour éviter l'avion remorqueur.
  (ii) <u>Panne moteur au décollage après le décollage de l'avion remorqueur</u> :
  Si possible le Pilote du planeur doit être averti de sorte qu'il puisse libérer la remorque de son côté en premier. Le Pilote de l'avion remorqueur libérera de toute façon la remorque et prendra ensuite

les mesures d'urgence habituelles sans tenir compte du planeur. Si l'avion remorqueur doit atterrir le Pilote du planeur tournera selon les besoins.

(iii) <u>Décollage abandonné par le planeur</u> : Si le Pilote du planeur décide d'abandonner le décollage et libère la remorque, le Pilote de l'avion remorqueur doit également larguer la corde.

(iv) <u>Panne moteur en vol</u> :
   (a) En cas de panne moteur, avant de décider d'abandonner le remorquage, le Pilote de l'avion doit ordonner au Pilote du planeur de larguer son train d'atterrissage ainsi que tous les équipements détachables possibles. Il doit également larguer tout équipement détachable dans l'avion remorqueur et autant de carburant que possible.
   (b) Si l'altitude ne peut pas être maintenue et que le Pilote de l'avion remorqueur décide de libérer le planeur, il doit prévenir le Pilote du planeur qui doit larguer la remorque en premier si possible, ou de toute façon immédiatement après que l'avion remorqueur ait largué.
   (c) Si le compensateur de direction a été utilisé pour permettre de voler droit avec un moteur en panne sans que les Pilotes aient à forcer sur le palonnier, le changement de réglage du compensateur sera considérable après avoir libéré le planeur. Ceci doit ensuite être ajusté au fur et à mesure que la vitesse augmente.
   (d) Avec un avion quadrimoteur, si le remorquage est poursuivi après une panne de moteur ajustez le compensateur de façon appropriée. Avant de libérer le planeur, il est alors essentiel de ramener le compensateur de direction au neutre en diminuant les gaz du moteur du côté opposé *[à celui en panne]*.

<u>NOTE</u> :
   On se reportera également l'annexe spécifique comme suit :

Avion remorqueur	**Annexe**
WHITLEY	I
HALIFAX	II
ALBEMARLE	III
WELLINGTON	IV
LANCASTER	V
DAKOTA (C.47)	VI
STIRLING	VII
HUDSON	VIII

A.P.2097A&B - P.N., PARTIE III
3ème Édition

ANNEXE I - Notes pour les Pilotes de WHITLEY remorquant des PLANEURS HORSA

1. LIMITES DE PILOTAGE
   (i) Les masses maximales autorisées sont :
   HORSA I   15.500 livres *(7.031 kg)*.
   HORSA II   15.750 livres *(7.144 kg)*.
   WHITLEY   23.000 livres *(10.443 kg)*.
   (ii) Vitesses maximales en remorquage :

Au badin de l'avion remorqueur	Au badin du planeur
142 m.p.h. *(229 km/h)*	160 m.p.h. *(258 km/h)*

   Note : Toutes les vitesses limites et les vitesses de manœuvre citées dans ces notes sont sujettes aux restrictions provisoires qui peuvent être en vigueur à la date de publication de ces notes ou qui peuvent être imposées ensuite de temps en temps par des Instructions Spéciales.

2. LIMITES DE MOTEUR : Les limites usuelles doivent être respectées.

3. PRÉLIMINAIRES
   (i) Vérifiez les masses et l'état des appareils pour le vol : Voir la Partie III.
   (ii) Vérifiez le planeur en stationnement, testez la commande de largage (c'est un levier du côté droit qui doit être tiré vers le Pilote pour larguer), convenez du code des signaux et testez l'intercom : voir la Partie III.
   (iii) Vérifiez que les armes de la tourelle arrière sont centrées et élevées d'au moins 10°.

4. VÉRIFICATIONS AVANT DÉCOLLAGE
   (i) Réglez :

Volets hypersustentateurs	UP (à 10° à pleine charge si la course de décollage est limitée).
Compensateurs : Profondeur	Neutre.
Ailerons	Neutre.
Direction	1½ divisions à droite.
Commande d'arrêt de la régulation automatique de la pression d'admission [35]	Tirée.
Volets des radiateurs	Ouverts en grand.

---

[35] Cet arrêt de la régulation permet, en cas d'urgence, d'accroitre la pression d'admission au-delà des limites normales, au risque d'user le moteur plus rapidement.

(ii) Les températures maximales recommandées pour le décollage sont :
    Liquide de refroidissement   80°C
    Huile   85°C

5. DÉCOLLAGE
   (i) Soulevez l'avion à environ 85 m.p.h. *(137 km/h)* au badin.
   (ii) Volez en palier jusqu'à ce qu'une vitesse de 95-100 m.p.h. *(153-160 km/h)* au badin soit atteinte.
   (iii) Rétractez le train d'atterrissage dès que l'avion est bien en vol puis relevez les volets hypersustentateurs (s'ils avaient été abaissés) et réduisez la puissance à la pression d'admission de montée et les tr/min pour éviter la surchauffe.

6. MONTÉE
   (i) La vitesse recommandée pour la meilleure montée est entre 100 et 105 m.p.h. *(160 et 169 km/h)* au badin.
   (ii) Si les moteurs surchauffent, augmentez la vitesse à 110-115 m.p.h. *(177-185 km/h)* au badin.

7. VOL DE CROISIÈRE
   (i) La vitesse recommandée pour la distance franchissable maximale, et pour refroidir si les moteurs surchauffent à une vitesse plus élevée, est 100-105 m.p.h. *(160-169 km/h)* au badin.
   (ii) La puissance sur mélange riche peut être requise pour refroidir par temps chaud.
   (iii) Avertissement : Lorsque le planeur vole en position haute, la tourelle arrière ne peut pas être tournée car elle peut bloquer le cardan de remorquage s'il passe au-dessus de l'horizontale. Le cardan peut également bloquer les mitrailleuses si, lorsqu'elles sont centrées, leur élévation est inférieure à 10°.

8. VIRAGES, DESCENTE EN REMORQUAGE, SÉPARATION, LARGAGE DE LA CORDE : Voir la partie III.

9. APRÈS LA CHUTE DE LA CORDE
   Vérifiez avec l'équipage que le cardan de remorquage est verrouillé. Lorsque le cardan est verrouillé, la tourelle et les mitrailleuses peuvent être utilisées normalement.

10. SITUATIONS D'URGENCE : Voir la partie III.

A.P.2097A&B - P.N., PARTIE III
3ème Édition

ANNEXE II

Notes pour les Pilotes de HALIFAX remorquant des PLANEURS HORSA

1. LIMITES DE PILOTAGE
   (i) <u>Les masses maximales autorisées sont</u> :
HORSA I	15.500 livres *(7.031 kg)*.
HORSA II	15.750 livres *(7.144 kg)*.
HALIFAX II et V	54.300 livres *(24.630 kg)*.
HALIFAX III	57.000 livres *(25.855 kg)*.

   (ii) <u>Les vitesses maximales autorisées sont</u> :

En remorquage	Au badin de l'avion remorqueur		Au badin du planeur	
	en m.p.h.	*en km/h*	en m.p.h.	*en km/h*
Mk II & V	140 (145)	*225 (233)*	160	*257*
Mk III	(145)	*(233)*		

   Note: (a) Les vitesses de l'avion remorqueur (pas entre parenthèses) indiquées ci-dessus et dans toute cette annexe s'appliquent avec l'anémomètre connecté à la prise de pression statique. Les vitesses citées entre parenthèses sont à utiliser quand l'anémomètre n'est pas connecté à la prise de pression statique.

   (b) Toutes les vitesses limites et les vitesses de manœuvre citées dans ces notes sont sujettes aux restrictions provisoires qui peuvent être en vigueur à la date de publication de ces notes ou qui peuvent être imposées ensuite de temps en temps par des Instructions Spéciales.

2. LIMITES DE MOTEUR
   Les limites usuelles doivent être respectées. Mais sur Halifax III, 2.900 tr/min peuvent être employés pour un décollage à partir d'une piste courte.

3. PRÉLIMINAIRES
   (i) Vérifiez les masses et l'état des appareils pour le vol : voir la Partie III.
   (ii) Vérifiez le planeur en stationnement, testez la commande de largage (c'est une poignée à tirer du côté droit du boîtier des manettes des gaz ; il faut la tirer pour larguer), convenez du code des signaux et testez l'intercom : voir la Partie III.

4. VÉRIFICATIONS AVANT DÉCOLLAGE
   Réglez :

Volets hypersustentateurs : Mk II et V	15° avion remorqueur chargé. 20° à 25° avion remorqueur léger.
Mk III	25°
Compensateurs : Profondeur	1½ divisions en arrière.
Ailerons	Neutre.
Direction	Neutre.
Volets des radiateurs	Mk II & V - ouverts en grand.
Volets de moteur	Mk III - 1/3 ouverts.
Volets des radiateurs d'huile (s'ils ne sont pas automatisés)	Mk III - presque fermés.

5. DÉCOLLAGE
   (i) Sur Mk II & V, soulevez l'avion à 95 à 100, (100) à (105) m.p.h. - *153 à 160, (160) à (169) km/h* au badin.
   Sur Mk III, soulevez l'avion à (110) m.p.h. - *(177) km/h* au badin.
   (ii) Volez en palier jusqu'à une vitesse de 115 à 120, (120) à (125) m.p.h. - *185 à 193, (185) à (201) km/h* vitesse au badin soit atteinte. (C'est sous la vitesse de sécurité : voir la Partie III).
   (iii) Rétractez le train d'atterrissage dès que l'avion est bien en vol.
   (iv) Maintenez la puissance de décollage jusqu'à ce que les volets hypersustentateurs soient remontés ; ils ne doivent pas être rentrés au-dessous de 200 pieds *(60 m)** (500 pieds *(150 m)* pour le Halifax V). Les volets hypersustentateurs doivent, si possible, être relevés par étapes en plaçant le sélecteur sur UP et en le ramenant immédiatement sur NEUTRAL, et en répétant l'opération plusieurs fois. Si les volets hypersustentateurs sont remontés rapidement l'avion s'enfoncera mais à 200 (500) pieds *(60 (150 m))* ce n'est pas dangereux.

   * NOTE : Sur le Mk III, les volets hypersustentateurs doivent être relevés à 10° à une altitude de 80 à 100 pieds *(24 à 30 m)* et être laissés sur cette position durant la montée.

6. MONTÉE
   (i) Sur Mk II et V la vitesse recommandée pour la meilleure montée est 120 (125) m.p.h. - *193 (201) km/h* au badin.
   Sur le Mk.III la vitesse recommandée est (135) m.p.h. - *(217) km/h* vitesse au badin.
   (ii) Si les moteurs surchauffent, la vitesse peut être augmentée à 125 (130) m.p.h. - *201 (209) km/h* au badin, ou (145) m.p.h. - *(233) km/h* sur Mk III ; le taux de montée devrait être adéquat. Aucune réduction des tr/min ne devrait être nécessaire.

7. VOL DE CROISIÈRE
   Sur Mk II et V, la vitesse recommandée pour la distance franchissable maximale et pour refroidir si les moteurs surchauffent à une vitesse plus élevée est 120 à 125, (125) à (130) m.p.h. - *193 à 201, (201) à (209) km/h* au badin. Sur le Mk III à charge élevée, une vitesse de (140) m.p.h. - *(225) km/h* au badin est recommandé pour assurer un pilotage facile et un refroidissement adéquat. Avec 10° de volets hypersustentateurs, le pilotage doit être possible jusqu'à une vitesse basse de (130) m.p.h. - *(209) km/h* au badin et si l'avion peut voler de façon stable à cette vitesse une légère augmentation de la distance franchissable peut être obtenue.

8. VIRAGES, DESCENTE EN REMORQUAGE, SÉPARATION, LARGAGE DE LA CORDE ET SITUATIONS D'URGENCE : Voir la Partie III.

A.P.2097A&B - P.N., PARTIE III
3ème Édition

ANNEXE III

Notes pour les Pilotes d'ALBEMARLE remorquant des PLANEURS HORSA

1. LIMITES DE PILOTAGE
   (i) Les masses maximales autorisées sont :
HORSA I	15.500 livres *(7.031 kg)*.
HORSA II	15.750 livres *(7.144 kg)*.
ALBEMARLE I, II, V, & VI	31.200 livres *(14.152 kg)*.

   (ii) Les vitesses maximales autorisées en remorquage sont :

Au badin de l'avion remorqueur	Au badin du planeur
145 m.p.h. *(233 km/h)*	160 m.p.h. *(258 km/h)*

   Note : Toutes les vitesses limites et les vitesses de manœuvre citées dans ces notes sont sujettes aux restrictions provisoires qui peuvent être en vigueur à la date de publication de ces notes ou qui peuvent être imposées ensuite de temps en temps par des Instructions Spéciales.

2. LIMITES DE MOTEUR
   Les limites usuelles doivent être respectées.

3. PRÉLIMINAIRES
   (i) Vérifiez les masses et l'état des appareils pour le vol : voir la Partie III.
   (ii) Vérifiez le planeur en stationnement, testez la commande de largage (c'est une tirette du côté droit du boîtier des manettes des gaz, il faut la tirer pour larguer), convenez du code des signaux et testez l'intercom : voir la Partie III.
   (iii) Les températures maximales recommandées avant décollage sont :
Cylindres	190°C
Huile	60°C

4. VÉRIFICATIONS AVANT DÉCOLLAGE
   Réglez :

Volets hypersustentateurs	25°
Compensateurs : Profondeur	2 à 4 divisions en arrière.
Direction	Neutre.
Volets de moteur	½ ouvert (jusqu'aux marques sur les entrées d'air).

5. DÉCOLLAGE
   (i) Soulevez l'avion remorqueur de 95 à 100 m.p.h. *(153 à 160 km/h)* au badin.
   (ii) Ne commencez pas la montée avant que la vitesse atteigne 100 m.p.h. *(160 km/h)*. C'est sous la vitesse de sécurité : voir la partie III, paragraphe 5.
   (iii) Rétractez le train d'atterrissage, ajustez les compensateurs selon les besoins (environ 5 divisions en arrière), dès que l'avion est bien en vol, puis relevez les volets hypersustentateurs à la position 10°.
   (iv) Réduisez la puissance à la pression d'admission et aux tr/min de montée.

6. MONTÉE
   (i) La vitesse recommandée pour la meilleure montée est 110-115 m.p.h. *(177 à 185 km/h)* au badin.
   (ii) Les volets des moteurs ne doivent pas être ouverts au-delà des 3/4 (des vibrations peuvent apparaitre au-delà de la position 1/2 ouverts).
   (iii) Si les moteurs surchauffent, la vitesse peut être augmentée à 125 m.p.h. *(201 km/h)* au badin, puis si nécessaire réduisez les tr/min à 2.400 mais le taux de montée sera considérablement réduit.

7. VOL DE CROISIÈRE
   (i) Laissez les volets hypersustentateurs réglés à 10° et ajustez les compensateurs contre une tendance à piquer selon les besoins. Les réservoirs d'aile doivent être employés avant les réservoirs de fuselage, en particulier à pleine charge opérationnelle quand ceux-ci sont remplis, car les vider aidera à réduire la tendance à piquer.
   (ii) La vitesse de croisière recommandée avec 10° de volets hypersustentateurs est 110-115 m.p.h. *(177 à 185 km/h)* au badin qui donne la plus grande distance franchissable par rapport à une vitesse plus élevée sans les volets hypersustentateurs. L'avion est en fait plus confortable à piloter à n'importe quelle vitesse de croisière en utilisant un peu les volets hypersustentateurs puisque, même à pleine charge opérationnelle, les efforts sur le manche à balai, bien

équilibré (même avec un débattement limité (10°) des compensateurs), ne devraient pas alors être excessifs.

Note : Les volets hypersustentateurs peuvent être placés sur les positions intermédiaires en actionnant le sélecteur par intermittence et en le laissant sur la position neutre quand l'indicateur montre que les volets hypersustentateurs sont dans la position désirée. Bien qu'aucune butée ne soit installée sur la position neutre, ceci est faisable par une manipulation soigneuse du levier.

(iii) Avec une masse de l'avion remorqueur jusqu'à 31.200 livres *(14.152 kg)*, la combinaison peut voler sans risque à des vitesses aussi basses que 105 m.p.h. *(169 km/h)* au badin avec 15° de volets hypersustentateurs (la vitesse de décrochage étant environ de 85 à 90 m.p.h. *(137 à 145 km/h)*). Aux basses vitesses, même avec les compensateurs de profondeur complètement en arrière, l'avion montre une tendance à piquer. La résistance de la commande de gauchissement peut donner l'impression d'un manque de sensibilité et d'instabilité latérale qui est augmentée par l'impossibilité pour le Pilote d'apercevoir le bout des ailes. La pratique des vols lents proches de la vitesse de décrochage avec 15° de volets hypersustentateurs (sans planeur en remorque) doit familiariser le Pilote au comportement de l'avion dans ces conditions.

(iv) Les volets de moteurs ne doivent pas être ouverts au-delà de la moitié, sauf dans des cas extrêmes pour lesquels ils peuvent être 3/4 ouverts mais certaines vibrations peuvent être rencontrées.

(v) La puissance sur mélange riche peut être requise pour maintenir la vitesse recommandée à pleine charge opérationnelle, et pour garder les températures dans les limites par temps très chaud.

AVERTISSEMENT : Pour empêcher le C.G. de se déplacer trop avant, les réservoirs d'AILE doivent être vidés avant les réservoirs de FUSELAGE. Si les réservoirs AUXILIAIRES (surcharge) sont remplis ils doivent être employés dès que possible après la montée.

8. VIRAGES, DESCENTE EN REMORQUAGE, SÉPARATION, LARGAGE DE LA CORDE ET SITUATIONS D'URGENCE : Voir la Partie III.

A.P.2097A&B - P.N., PARTIE III
3ème Édition

ANNEXE IV

Notes pour les Pilotes de WELLINGTON remorquant des PLANEURS HORSA

1. LIMITES DE PILOTAGE
    (i) Les masses maximales autorisées sont :
HORSA I	15.500 livres *(7.031 kg)*.
HORSA II	15.750 livres *(7.144 kg)*.
WELLINGTON III	28.300 livres *(12.837 kg)*.
WELLINGTON X	30.550 livres *(13.857 kg)*.

    (ii) Les vitesses maximales autorisées en remorquage sont :

Au badin de l'avion remorqueur	Au badin du planeur
145 m.p.h. *(233 km/h)*	160 m.p.h. *(258 km/h)*

    Note : Toutes les vitesses limites et les vitesses de manœuvre citées dans ces notes sont sujettes aux restrictions provisoires qui peuvent être en vigueur à la date de publication de ces notes ou qui peuvent être imposées ensuite de temps en temps par des Instructions Spéciales.

2. LIMITES DE MOTEUR
    Les limites usuelles doivent être respectées, mais les températures des cylindres jusqu'à 290°C sont autorisées avec un planeur en remorque, et pour le Wellington X avec des moteurs Hercules XVI, les tr/min peuvent être poussés à 2.900 lors d'un décollage à partir d'une piste courte.

3. PRÉLIMINAIRES
    (i) Vérifiez les masses et l'état des appareils pour le vol : voir la Partie III.
    (ii) Vérifiez le planeur en stationnement, testez la commande de largage (c'est un levier avec un bouton noir près du genou droit du Pilote de gauche, qui doit être tiré vers le haut pour larguer), convenez du code des signaux et testez l'intercom : voir la Partie III.
    (iii) Vérifiez que les armes de la tourelle arrière sont centrées et élevées d'au moins 10°.

4. VÉRIFICATIONS AVANT DÉCOLLAGE

Réglez :	Volets hypersustentateurs	UP.
	Compensateurs : Profondeur	Normal.
	Ailerons	Normal.
	Direction	Normal.
	Volets de moteur	Ouverts en grand.

5. DÉCOLLAGE
   (i) Soulevez l'avion à environ 85 m.p.h. *(137 km/h)* au badin, et ajustez les compensateurs selon les besoins.
   (ii) Volez en palier jusqu'à ce qu'une vitesse de 100 m.p.h. *(160 km/h)* au badin soit atteinte. C'est sous la vitesse de sécurité : voir la partie III, paragraphe 5.
   (iii) Rétractez le train d'atterrissage dès que l'avion est bien en vol et réduisez à la puissance de montée.

6. MONTÉE
   (i) Ajustez les compensateurs selon les besoins.
   (ii) La vitesse recommandée pour la meilleure montée est 105 m.p.h. *(169 km/h)* au badin.
   (iii) Si les moteurs surchauffent, la vitesse peut être augmentée à 110-120 m.p.h. *(177-193 km/h)* au badin. Le taux de montée aux charges opérationnelles sera considérablement réduit si la vitesse est encore augmentée, ou si les tr/min sont réduits.

7. VOL DE CROISIÈRE
   (i) La vitesse recommandée pour la distance franchissable maximale et pour refroidir si les moteurs surchauffent à une vitesse plus élevée est 108 à 113 m.p.h. *(174 à 182 km/h)* au badin.
   (ii) La puissance sur mélange riche peut être requise pour maintenir l'altitude et/ou refroidir par temps chaud.
   Avertissement : Lorsque le planeur vole en position haute, la tourelle arrière ne peut pas être tournée car elle peut bloquer le cardan de remorquage s'il passe au-dessus de l'horizontale. Le cardan peut également bloquer les mitrailleuses si, lorsqu'elles sont centrées, leur élévation est inférieure à 10°.

8. VIRAGES, DESCENTE EN REMORQUAGE, SÉPARATION, ET LARGAGE DE LA CORDE : voir la Partie III.

9. APRÈS LA CHUTE DE LA CORDE
   Vérifiez avec l'équipage que le cardan de remorquage est verrouillé. Lorsque le cardan est verrouillé, la tourelle et les mitrailleuses peuvent être utilisées normalement.

10. SITUATIONS D'URGENCE : Voir la partie III.

A.P.2097A&B - P.N., PARTIE III
3ème Édition

ANNEXE V

Notes pour les Pilotes de LANCASTER remorquant des PLANEURS HORSA

1. LIMITES DE PILOTAGE
    (i) Les masses maximales autorisées sont :
        Colonnes A : Charge normale, opérationnelle.
        Colonnes B : Charge exceptionnelle.

	A (livres)	B (livres)	A (kg)	B (kg)
HORSA I	15.500		7.031	
HORSA II	15.750		7.144	
LANCASTER I ET III	47.000	57.500	21.319	26.082
LANCASTER II	48.100	61.350 *	21.818	27.828 *

   * Limité à 58.000 livres *(26.308 kg)* en conditions tropicales.

   (ii) Les vitesses maximales autorisées en remorquage sont :

Au badin de l'avion remorqueur		Au badin du planeur	
en m.p.h.	*en km/h*	en m.p.h.	*en km/h*
150 (140)	*241 (225)*	160	*257*

   Note: (a) Les vitesses de l'avion remorqueur (pas entre parenthèses) indiquées ci-dessus et dans toute cette annexe s'appliquent avec l'anémomètre connecté à la prise de pression statique. Les vitesses citées entre parenthèses sont à utiliser quand l'anémomètre n'est pas connecté à la prise de pression statique.

   (b) Toutes les vitesses limites et les vitesses de manœuvre citées dans ces notes sont sujettes aux restrictions provisoires qui peuvent être en vigueur à la date de publication de ces notes ou qui peuvent être imposées ensuite de temps en temps par des Instructions Spéciales.

2. LIMITES DE MOTEUR
   Les limites usuelles doivent être respectées, mais pour le Lancaster II, les tr/min peuvent être poussés à 2.900 lors d'un décollage à partir d'une piste courte.

3. PRÉLIMINAIRES
   (i) Vérifiez les masses et l'état des appareils pour le vol : voir la Partie III.
   (ii) Vérifiez le planeur en stationnement, testez la commande de largage (c'est un levier à bascule marqué GLIDER RELEASE (largage du planeur) sur le plancher en arrière du boîtier des manettes des gaz ; il doit être tiré vers le haut pour larguer), convenez du code des signaux et testez l'intercom : voir la Partie III.

4. VÉRIFICATIONS AVANT DÉCOLLAGE
   Réglez :

Volets hypersustentateurs	15° (à 25° aux charges légères)
Compensateurs : Profondeur	Normal
Ailerons	Normal
Direction	Normal
LANC I et III - Volets des radiateurs	Ouverts en grand (à l'aide de l'interrupteur manuel de forçage) ; ils doivent être laissés ainsi (sauf par très grand froid) pendant toute la durée du remorquage d'un planeur.
LANC II - Volets de moteur	1/3 ouverts
Volets des radiateurs d'huile	3/5 ouverts (par temps chaud il peut être nécessaire de passer à 4/5 ouverts pour éviter des températures d'huile excessives pendant le fonctionnement au sol).

5. DÉCOLLAGE
   (i) Aux charges opérationnelles normales, soulevez l'avion remorqueur à 95 (90) m.p.h. - *153 (145) km/h* au badin. Avec les charges exceptionnelles, une augmentation de la vitesse de décollage est nécessaire, sur Lancaster I ou III à 57.500 livres *(26.082 kg)* à 105 m.p.h. *(169 km/h)* au badin et sur Lancaster II à 61.350 livres *(27.828 kg)* à 115 m.p.h. *(185 km/h)*.
   (ii) Après le décollage, il faut d'abord prendre de la vitesse en ajoutant de 15 à 20 m.p.h. *(24 à 32 km/h)* avant le début de la montée (c'est sous la vitesse de sécurité : voir la partie III).
   (iii) Rétractez le train d'atterrissage dès que l'avion est bien en vol et maintenez la puissance de décollage jusqu'à ce qu'une altitude d'au moins 100 pieds *(30 m)* soit atteinte ; réduisez à la puissance de montée, puis relevez les volets hypersustentateurs par étapes.

6. MONTÉE
   (i) La vitesse recommandée pour la meilleure montée est de 125 à 130 m.p.h. *(201 à 209 km/h)* au badin aux charges opérationnelles normales. Avec les charges exceptionnelles une augmentation de vitesse de montée à 145-150 m.p.h. *(233-241 km/h)* au badin est recommandée. Sur Lancaster I ou III à la charge exceptionnelle, par temps froid, un meilleur taux de montée peut être atteint en prenant de l'altitude à 140 à 145 m.p.h. *(225-233 km/h)* au badin sous réserve que des températures excessives de moteur ne soient pas atteintes.
   (ii) Sur Lancaster II, les volets de moteur peuvent être ouverts en grand si les températures montent de manière excessive.
   (iii) Il ne doit y avoir besoin d'augmenter la vitesse ou de réduire les tr/min pour assurer le refroidissement sauf sur Lancaster III à la charge exceptionnelle par temps chaud, auquel cas la vitesse de montée doit être augmentée jusqu'à 150 m.p.h. *(241 km/h)* au badin.

7. VOL DE CROISIÈRE
   (i) La vitesse de croisière recommandée aux charges opérationnelles normales est de 125 (120) à 130 (125) m.p.h. - *201 (193) à 209 (201) km/h* au badin. À la charge exceptionnelle (61.350 livres *(27.828 kg)* sur LANC II) la vitesse est augmentée jusqu'à 130 (125) à 135 (130) m.p.h. - *209 (201) à 217 (209) km/h* au badin et proportionnellement aux charges intermédiaires sur les LANC I, II ou III.
   (ii) Sur Lancaster II :
        Volets de moteur : comme pour la montée
   (iii) La puissance sur mélange riche peut être requise pour maintenir l'altitude aux pleines charges opérationnelles par temps très chaud.

8. <u>VIRAGES, DESCENTE EN REMORQUAGE, SÉPARATION, LARGAGE DE LA CORDE ET SITUATIONS D'URGENCE</u> : Voir la Partie III.

A.P.2097A&B - P.N., PARTIE III
3ème Édition

ANNEXE VI
Notes pour les Pilotes de DAKOTA (C47, C47A et C53) remorquant des PLANEURS HORSA

1. LIMITES DE PILOTAGE
    (i) Les masses maximales autorisées sont :

HORSA I	15.500 livres *(7.031 kg).*
HORSA II	15.750 livres *(7.144 kg).*
DAKOTA	26.000 livres *(11.793 kg)*
	(20.850 livres *(9.457 kg)* en conditions tropicales).

    (ii) Vitesses maximales autorisées en remorquage :

Au badin de l'avion remorqueur	Au badin du planeur
145 m.p.h. *(233 km/h)*	160 m.p.h. *(258 km/h)*

    Note : Toutes les vitesses limites et les vitesses de manœuvre citées dans ces notes sont sujettes aux restrictions provisoires qui peuvent être en vigueur à la date de publication de ces notes ou qui peuvent être imposées ensuite de temps en temps par des Instructions Spéciales.

2. LIMITES DE MOTEUR
    Les limites usuelles doivent être respectées, mais la dérogation suivante est autorisée seulement lorsqu'un planeur est en remorque :

	Pression d'admission	Tr/min	Température maximale des cylindres
Mélange riche de croisière	39 pouces *(1,32 bars)*	2450	250°C

    NOTE : Aux pressions d'admission suivantes, les tr/min ne doivent pas être réduits au-dessous des valeurs indiquées :

Pression d'admission	Tr/min minimums
39 pouces de mercure *(1,32 bars)*	2.350
37 pouces de mercure *(1,25 bars)*	2.250
35 pouces de mercure *(1,19 bars)*	2.150
33 pouces de mercure *(1,12 bars)*	2.050

    Au-dessous de ces valeurs, changez sur AUTO-LEAN [36] à moins que ceci ne provoque une surchauffe.

    Note : Il est suggéré que le tableau ci-dessus soit copié sur un support cartonné adéquat pour une consultation facile en vol.

---

[36] Commande de mélange pauvre automatique.

3. PRÉLIMINAIRES
   (i) Vérifiez le planeur en stationnement, testez la commande de largage (c'est une tirette sur la cloison derrière l'épaule du Second Pilote ; elle est actionnée par le SECOND PILOTE et elle doit être tirée vers le haut pour larguer), convenez du code des signaux et testez l'intercom.
   Note : Certains avions C47, C47A et C53 ont un crochet de remorquage monté extérieurement. Dans ce cas, le déplacement angulaire du planeur par rapport à l'avion remorqueur doit être limité à 25 degrés vers le haut, 20 degrés vers le bas, et à 20 degrés de chaque côté pour empêcher des dommages au support du crochet. Quand ceci s'applique, le Pilote de l'avion remorqueur en tant que CAPITAINE de la combinaison doit souligner au Pilote du planeur l'importance de suivre la trajectoire de l'avion remorqueur le plus près possible (en se maintenant conformément aux meilleures positions de remorquage : voir le paragraphe 10 de la Partie II).
   (ii) Lors de vols à charge élevée par temps chaud les températures maximales recommandées pour le décollage sont :
   Cylindres   200°C
   Huile   55°C

4. VÉRIFICATIONS AVANT DÉCOLLAGE
   Réglez :

Volets hypersustentateurs	Zéro à 15° (zéro à 26.000 livres *(11.793 kg)*).
Compensateurs : Profondeur	2 divisions en arrière.
Ailerons et direction	Neutre.
Volets des radiateurs d'huile	Ouverts en grand.
Volets de refroidissement des moteurs	Position TRAIL [37] (peuvent être ouverts en grand par temps chaud si l'expérience en indique la nécessité ; mais voir paragraphe 6(ii)).

5. DÉCOLLAGE
   (i) Soulevez l'avion à 90 à 95 m.p.h. *(145 à 153 km/h)* au badin.
   (ii) Ne débutez pas la montée avant qu'une vitesse de 95-100 m.p.h. *(153 à 160 km/h)* au badin soit atteinte. C'est au-dessous de la vitesse de sécurité : voir la Partie III, paragraphe 5.

---

[37] Cette position commande l'ouverture de 15° des volets de moteur.

(iii) Rétractez le train d'atterrissage dès que l'avion est bien en vol, puis à une altitude de sécurité relevez les volets hypersustentateurs (s'ils avaient été abaissés).

6. MONTÉE
   (i) La vitesse recommandée pour la meilleure montée est de 105-110 m.p.h. *(169-177 km/h)* au badin.
   (ii) Les volets de moteur ne doivent pas être ouverts au-delà de la position TRAIL sauf si les températures montent de manière excessive, auquel cas ils peuvent être ouverts en grand ; des vibrations peuvent apparaître.
   (iii) Si les moteurs surchauffent toujours, augmentez la vitesse jusqu'à 120-125 m.p.h. *(193-201 km/h)* au badin. À pleine charge opérationnelle le taux de montée sera considérablement réduit si la vitesse est augmentée au-dessus de cette valeur ou si les tr/min sont réduits.

7. VOL DE CROISIÈRE
   (i) La vitesse recommandée pour la distance franchissable maximale, est 110 à 115 m.p.h. *(177 à 185 km/h)* au badin (105 à 110 m.p.h. *(169-177 km/h)* au badin en climat tropical).
   (ii) Volets de moteur : Comme pour la montée.
   (iii) La puissance sur mélange riche peut être requise pour maintenir la vitesse recommandée, et pour assurer le refroidissement par temps très chaud. Sur mélange riche un meilleur refroidissement peut être obtenu en volant à une vitesse plus élevée que celle recommandée pour la distance franchissable maximale ; ceci doit être fait en augmentant progressivement les tr/min et la pression d'admission, jusqu'à ce qu'un refroidissement satisfaisant soit obtenu. La vitesse ne doit pas être augmentée plus que nécessaire pour le refroidissement car la distance franchissable est réduite aux vitesses élevées. Sur mélange pauvre aucune amélioration du refroidissement ne pourra être obtenue en volant plus rapidement que la vitesse recommandée pour la distance franchissable maximale. Voir la partie III, paragraphe 6(iv) et paragraphe 2 de cette Annexe.

8. VIRAGES, DESCENTE EN REMORQUAGE, SÉPARATION, LARGAGE DE LA CORDE ET SITUATIONS D'URGENCE : voir la Partie III.
   Notez qu'au moment du largage il y a un changement d'assiette vers une tendance à cabrer.

A.P.2097A&B - P.N., PARTIE III
3ème Édition

ANNEXE VII

Notes pour les Pilotes de STIRLING remorquant des PLANEURS HORSA

1. LIMITES DE PILOTAGE
   (i) Les masses maximales autorisées sont :
HORSA I	15.500 livres *(7.031 kg)*.
HORSA II	15.750 livres *(7.144 kg)*.
STIRLING	55.500 livres *(25.174 kg)*.
STIRLING III	56.600 livres *(25.673 kg)*.
STIRLING IV	59.900 livres *(27.170 kg)* ; (58.000 livres *(26.308 kg)* en conditions tropicales).

   (ii) Vitesses maximales autorisées en remorquage :
Au badin de l'avion remorqueur	Au badin du planeur
150 m.p.h. *(241 km/h)*	160 m.p.h. *(258 km/h)*

   Note : Toutes les vitesses limites et les vitesses de manœuvre citées dans ces notes sont sujettes aux restrictions provisoires qui peuvent être en vigueur à la date de publication de ces notes ou qui peuvent être imposées ensuite de temps en temps par des Instructions Spéciales.

2. LIMITES DE MOTEUR
   Les limites usuelles doivent être respectées, mais avec des moteurs Hercules XVI, 2900 tr/min peuvent être employés pour le décollage à partir d'une piste courte.

3. PRÉLIMINAIRES
   (i) Vérifiez les masses et l'état des appareils pour le vol : voir la Partie III.
   (ii) Vérifiez les volets des radiateurs d'huile - préréglage :
      Moteurs internes - ouvert.   Moteurs externes - 2/3 ouvert.
   (iii) Vérifiez le planeur en stationnement, testez la commande de largage (c'est un long levier du côté droit du boîtier des manettes des gaz, il faut le tirer pour larguer), convenez du code des signaux et testez l'intercom : voir la Partie III.
   (iv) Les températures maximales recommandées avant décollage sont :
Cylindres	180°C
Huile	65°C

4. VÉRIFICATIONS AVANT DÉCOLLAGE

Réglez :	Volets hypersustentateurs	Sortis d'un tiers
	Compensateurs : Profondeur	3 divisions en arrière
	Direction	Neutre
	Volets de moteur	Ouverts d'un tiers

5. DÉCOLLAGE
    (i) Lorsque la vitesse augmente, réglez les compensateurs de profondeur selon les besoins et soulevez l'avion remorqueur à environ 95-100 m.p.h. *(153-160 km/h)* au badin.
    (ii) Volez en palier et près du sol jusqu'à ce qu'une vitesse de 120 m.p.h. *(193 km/h)* au badin soit atteinte. Lorsque l'avion remorqueur a une masse supérieure à 56.000 livres *(25.401 kg)* une course de décollage plus courte peut être obtenue en commençant la montée à 110 m.p.h. *(177 km/h)* au badin mais il faut se rappeler que c'est bien en-dessous de la vitesse de sécurité de l'avion : voir le paragraphe 5 de la Partie III.
    (iii) Rétractez le train d'atterrissage dès que l'avion est bien en vol et réduisez à la puissance de montée lorsque les roues sont remontées.
    (iv) Relevez les volets hypersustentateurs et ajustez l'assiette selon les besoins. Avec le planeur dans la position haute de remorquage "High tow" un ajustement important sera nécessaire pour appliquer un couple cabreur.

6. MONTÉE
    (i) La vitesse recommandée pour la meilleure montée est de 130-135 m.p.h. *(209-217 km/h)* au badin.
    (ii) Les volets de moteur ne doivent pas être ouverts au-delà des 2/3.
    (iii) Si les moteurs surchauffent toujours, augmentez la vitesse jusqu'à 135 à 140 m.p.h. *(217-225 km/h)* au badin. Par temps chaud il pourra être nécessaire de réduire les tr/min (en particulier pour les moteurs intérieurs) de 100 tr/min.

7. VOL DE CROISIÈRE
    (i) Ajustez les compensateurs de profondeur selon les besoins : voir paragraphe 5(iv).
    (ii) La vitesse recommandée pour la distance franchissable maximale est 130-135 m.p.h. *(209-217 km/h)* au badin.
    (iii) Les volets de moteur ne doivent pas être ouverts au-delà des 2/3.
    (iv) La puissance sur mélange riche peut être requise pour maintenir l'altitude, et pour assurer le refroidissement par temps très chaud, à pleine charge opérationnelle.

8. VIRAGES, DESCENTE EN REMORQUAGE, SÉPARATION, LARGAGE DE LA CORDE ET SITUATIONS D'URGENCE : voir la Partie III.

A.P.2097A&B - P.N., PARTIE III
3ème Édition

ANNEXE VIII

Notes pour les Pilotes de HUDSON remorquant des PLANEURS HORSA

1. LIMITES DE PILOTAGE
   (i) Les masses maximales autorisées sont :

HORSA I	15.500 livres	(7.031 kg).
HORSA II	15.750 livres	(7.144 kg).
HUDSON	16.700 livres	(7.575 kg).

   (ii) Vitesses maximales en m.p.h. (km/h) autorisées en remorquage :

Au badin de l'avion remorqueur	Au badin du planeur
145 (233) - 125 nœuds [38]	160 (258)

   Note : Toutes les vitesses limites et les vitesses de manœuvre citées dans ces notes sont sujettes aux restrictions provisoires qui peuvent être en vigueur à la date de publication de ces notes ou qui peuvent être imposées ensuite de temps en temps par des Instructions Spéciales.

2. LIMITES DE MOTEUR
   Les limites usuelles doivent être respectées, mais la dérogation suivante est autorisée seulement lorsqu'un planeur est en remorque :

	Pression d'admission	Tr/min
Mélange riche de croisière (sur rapport M seulement)	37,5 pouces (1,25 bars)	2.300

   NOTE : Aux pressions d'admission suivantes, les tr/min ne doivent pas être réduits au-dessous des valeurs indiquées :

Pression d'admission	Tr/min minimums
37,5 pouces de mercure (1,25 bars)	2.300
35,5 pouces de mercure (1,20 bars)	2.200
33,5 pouces de mercure (1,13 bars)	2.100
31,5 pouces de mercure (1,07 bars)	2.000

   Au-dessous de ces valeurs, changez sur AUTO-WEAK [39] à moins que ceci ne cause une surchauffe.

   Note : Il est suggéré que le tableau ci-dessus soit copié sur un support cartonné adéquat pour une consultation facile en vol.

---

[38] Les Lockheed Hudson du Coastal Command avaient des Badins calibrés en nœuds pour faciliter leur travail quotidien avec des cartes marines et avec la Royal Navy.
[39] Commande de mélange sur la position "mélange pauvre automatique".

3. PRÉLIMINAIRES
   (i) Vérifiez que la tourelle et tous les équipements démontables listés dans le document du DTD [40] ont été enlevés et que *[les quantités de]* carburant et de ballast sont à bord en étant réparties comme décrit dans le même document. Examinez les masses et l'état des deux appareils pour assurer le vol : voir la partie III.
   (ii) Vérifiez la position du planeur, et testez le crochet de largage de la corde de remorquage. (La commande est un levier monté au-dessus du panneau de commande du circuit électrique du Pilote. Avec le levier poussé à fond vers l'avant, le crochet de remorquage est verrouillé. Quand il est tiré vers l'arrière, en pressant le bouton de déclenchement pour libérer le verrouillage, la corde de remorquage est libérée). Convenez de la signification des signaux et testez l'intercom.
   NOTE : Certains de ces avions peuvent avoir ce levier marqué FORWARD TO RELEASE - BACK TO JETTISON. [41] Cette étiquette doit être enlevée et, de toute façon, doit être ignorée car elle se rapporte à l'opération d'un parachute de queue et non pas au remorquage de planeur.

4. VÉRIFICATIONS AVANT DÉCOLLAGE
   Réglez :

Volets hypersustentateurs	0 à 15°.
Compensateurs (toutes les commandes)	Normal.
Volets des radiateurs d'huile	Ouverts en grand.

5. DÉCOLLAGE
   (i) Soulevez l'avion entre 80 à 85 nœuds *(148 à 157 km/h)* au badin.
   (ii) Commencez la montée à 90 à 95 nœuds *(167 à 175 km/h)* au badin. C'est au-dessous de la vitesse de sécurité : voir la Partie III paragraphe 5.
   (iii) Rétractez le train d'atterrissage dès que l'avion est bien en vol, puis à une altitude de sécurité relevez les volets hypersustentateurs (s'ils avaient été abaissés).

---

[40] DTD "Directorate of Technical Development" : Cette Direction au sein du Ministère de l'Air était chargée de définir les spécifications officielles pour les composants aéronautiques, y compris les consommables et pièces de rechange. Par exemple :
   – Tubes en acier inoxydable : spécification DTD n°105 ;
   – Huile de lubrification : spécification DTD n°109 ;
   – Carburant à indice d'octane 87 : spécification DTD n°230.

[41] FORWARD TO RELEASE - BACK TO JETTISON = Vers l'avant pour libérer - En arrière pour largage.

6. MONTÉE
   (i) La vitesse recommandée est 95 nœuds *(175 km/h)* au badin.
   (ii) Aucune augmentation de vitesse ou réduction des tr/min ne devrait être nécessaire pour assurer le refroidissement, mais à une plus grande vitesse de 100 nœuds *(185 km/h)* le taux de montée devrait encore être adéquat.

7. VOL DE CROISIÈRE
   (i) La vitesse recommandée pour la distance franchissable maximale, est 94 à 98 nœuds *(174 à 181 km/h)* au badin.
   (ii) La puissance sur mélange riche peut être requise pour maintenir la vitesse recommandée, et pour assurer le refroidissement par temps très chaud. Sur mélange riche un meilleur refroidissement peut être obtenu en volant à une vitesse plus élevée que celle recommandée pour la distance franchissable maximale ; ceci doit être fait en augmentant progressivement les tr/min et la pression d'admission, jusqu'à ce qu'un refroidissement satisfaisant soit obtenu. La vitesse ne doit pas être augmentée plus que nécessaire pour le refroidissement car la distance franchissable est réduite aux vitesses élevées. Sur mélange pauvre aucune amélioration du refroidissement ne pourra être obtenue en volant plus rapidement que la vitesse recommandée pour la distance franchissable maximale. Voir la partie III, paragraphe 6(iv) et paragraphe 2 de cette Annexe.

8. VIRAGES, DESCENTE EN REMORQUAGE, SÉPARATION, LARGAGE DE LA CORDE ET SITUATIONS D'URGENCE : Voir la partie III.

A.P.2097A&B - P.N., PARTIE IV
3ème Édition

PARTIE IV - NOTES SUR LE RAMASSAGE DE PLANEUR À LA VOLÉE PAR AVION REMORQUEUR
(s'appliquant à la combinaison Dakota/Horsa).

1. DESCRIPTIF

    (i) Équipement de l'avion remorqueur : Un treuil est installé dans l'avion remorqueur et un câble en acier enroulé sur le tambour du treuil passe en bas d'une perche de ramassage qui sort du côté gauche du fuselage avec une inclinaison vers le bas. À l'extrémité de ce câble un crochet est attaché. L'équipement comprend également un coupe-câble explosif permettant de larguer le planeur et le câble en cas d'urgence. Ce coupe-câble est actionné à l'aide de deux boutons-poussoir marqués GLIDER EMERGENCY RELEASE [42] placés juste au-dessus de la tête du Pilote ; pour actionner le coupe-câble il faut enfoncer les deux boutons simultanément. Un coupe-circuit de sécurité est installé en avant de la porte arrière du fuselage ; il rend les boutons inopérants une fois placé en position basse et opérationnel lorsque placé en position haute. Le coupe-circuit doit être placé en position basse quand des réglages sont faits sur le treuil pour protéger l'opérateur contre l'explosion si les boutons-poussoir sont actionnés par erreur ; il doit être en position haute avant le ramassage à la volée et pour la durée du remorquage.

    (ii) Équipement au sol : Une station de ramassage est érigée au sol, se composant de deux poteaux légers, peints en jaune, à distance l'un de l'autre. Une corde en nylon fait une boucle attachée au sommet de ces poteaux à l'aide de clips en métal portant de petits drapeaux jaunes pour permettre de les voir à distance. Attachée à cette boucle, une longueur de corde en nylon est reliée au planeur de manière habituelle. Deux bandes jaunes d'environ 9 pieds par 3 pieds *(2,75 par 0,9 m)* sont posées au sol, une à la base de chaque poteau pour permettre au Pilote de l'avion remorqueur de localiser la station à distance ; elles peuvent également être employées pour communiquer par code en les plaçant suivant des angles convenus au préalable.

2. MÉTHODE GÉNÉRALE

    (i) Ramassage : Le planeur est placé sous un angle d'environ 10° par rapport à une ligne passant perpendiculairement entre les poteaux, sans pliure ni mou dans la corde en nylon, de sorte que le planeur soit approximativement 300 pieds *(91 m)* en arrière et sur un côté de la station. L'avion remorqueur vole bas au-dessus de la station en

---

[42] GLIDER EMERGENCY RELEASE = Largage d'urgence du planeur.

laissant le planeur sur sa gauche, de sorte que la perche de ramassage heurte la boucle en nylon, qui glisse au bas de la perche et s'engage dans le crochet. Le choc initial du ramassage est absorbé par l'élasticité de la corde en nylon et par l'accélération initiale du tambour du treuil lorsque le câble en acier se déroule. Le tambour est équipé d'un frein, préréglé pour entrer en action progressivement et donc ralentir le tambour.

(ii) Au fur et à mesure que le tambour ralentit, le planeur est tiré vers l'avant jusqu'à ce que le planeur (désormais en l'air) vole à la même vitesse que l'avion remorqueur, quand le tambour s'arrête.

(iii) Après le ramassage : Une fois de l'altitude prise, et avec la longueur de la corde en nylon plus 600 à 900 pieds *(183 à 274 m)* de câble d'acier (qui se sont déroulés du tambour pendant le ramassage) constituant l'agrès de remorquage, le câble en acier peut être réduit en mettant en marche le moteur électrique du treuil et en l'enroulant lentement jusqu'à ce que la longueur désirée de câble soit obtenue; ou jusqu'à ce que le crochet à l'extrémité du câble soit amené à proximité du fuselage, quand le planeur sera en remorquage à l'extrémité de la corde en nylon de longueur habituelle.

3. TECHNIQUE POUR LE PILOTE DU DAKOTA LORS DU RAMASSAGE D'UN PLANEUR HORSA

(i) Vérifications : À la réception du signal pré-arrangé de l'équipe au sol, ou du planeur, que tout est prêt pour le ramassage, le Pilote doit vérifier avec l'opérateur du treuil que le coupe-circuit est placé en position haute (opérationnel), et que la perche de ramassage est abaissée.

(ii) Approche et ramassage : Un circuit serré doit être fait de façon à garder la station bien en vue. La vitesse sur le circuit doit être aussi proche de 110 m.p.h. *(177 km/h)* au badin que possible : ceci aide l'opérateur du treuil dans son travail ; l'avion vire ensuite à angle droit vers la station au sol. Juste avant le virage final pour l'approche, les hélices doivent être réglées à 2.550 tr/min et l'avion doit être placé sur une trajectoire de plané sous moteurs, avec une pression d'admission entre 15 à 20 pouces de mercure *(0,51 et 0,68 bars)*. L'avion est maintenant dirigé vers un point entre le planeur et la station au sol et on le laisse accélérer dans ce plané sous moteurs jusqu'à une vitesse de contact de 140 à 145 m.p.h. *(225 à 233 km/h)* au badin. Lors de cette approche finale, les compensateurs de profondeur doivent être réglés pour donner un léger couple piqueur.

(iii) Le plus bas point dans la trajectoire de vol de l'avion remorqueur est atteint approximativement à mi-chemin entre le planeur et la station ; à ce moment la ressource est commencée et la puissance est augmentée régulièrement en ouvrant les gaz jusqu'à 48 pouces de mercure *(1,63 bars)* ; l'avion est donc dans une attitude de montée au-dessus de la station et la pleine puissance est atteinte juste après le contact. Cette technique est importante parce que, si l'avion n'accélère pas au moment du contact, un enfoncement considérable peut se produire.

(iv) <u>La montée</u> : Pour la montée qui suit, l'avion ne doit voler en aucune circonstance à une vitesse inférieure à 105 m.p.h. *(169 km/h)* au badin ; la vitesse de montée souhaitable étant de 105-115 m.p.h. *(169-185 km/h)* au badin. Dès qu'une altitude de sécurité d'environ 500 pieds *(152 m)* est atteinte le Pilote de l'avion remorqueur peut réduire la pression d'admission et les tr/min aux valeurs de montée normales, mais pendant la montée aucun virage vers la droite ne doit être fait. Au besoin, des virages doux à gauche peuvent être faits ; mais en-dessous de 500 pieds *(152 m)* tout virage doit être évité.

(v) <u>Réduction de la longueur de câble par ré-enroulement</u> : Une fois qu'une altitude de croisière d'au moins 1.000 pieds *(305 m)* au-dessus du sol a été atteinte, le câble peut être ré-enroulé comme suit :

(a) Le Pilote du planeur doit être informé par le signal pré-arrangé que ceci va être fait de sorte qu'il puisse se placer en position correcte.

(b) L'avion remorqueur doit voler à 110 m.p.h. *(177 km/h)* au badin tandis que le câble est enroulé.

(vi) <u>Largage</u> : Le planeur larguera en premier et l'équipage de l'avion remorqueur doit alors désengager la boucle de la corde en nylon du crochet de remorquage et la fixer sur le lest de largage (au moyen de la boucle de corde attachée près de la porte cargo) avant de la laisser tomber au-dessus de la zone désignée pour récupérer les cordes.

(vii) <u>Vérifications avant l'atterrissage</u> : Avant l'atterrissage, le Pilote doit vérifier avec l'opérateur de treuil que la perche de ramassage est relevée et bloquée.

(viii) <u>Situations d'urgence</u> :

(a) En cas de ramassage non concluant après contact avec la boucle, le Pilote de l'avion remorqueur doit immédiatement passer à la montée maximale jusqu'à au moins 1.000 pieds *(305 m)*.

(b) Si à tout moment après le contact le Pilote de l'avion remorqueur rencontre des difficultés, le planeur et le câble doivent être libérés en actionnant les boutons-poussoir GLIDER EMERGENCY RELEASE.

4. <u>TECHNIQUE POUR LE PILOTE DU HORSA LORS DU RAMASSAGE PAR AVION DAKOTA EN VOL</u>

(i) <u>Avant le ramassage</u> : Après que tous les contrôles pré-vol aient été accomplis, quand l'équipage est en place et que le planeur est prêt pour le ramassage, le Pilote de l'avion remorqueur doit recevoir le signal pré-arrangé *"Prêt pour le ramassage"*.

(ii) Décollage
 (a) Placez toutes les commandes des compensateurs sur neutre, vérifiez que les freins sont relâchés, et tenez le manche à balai au centre.
 (b) Le planeur commencera à se déplacer tout de suite après que l'avion remorqueur se saisisse de la boucle en nylon et sera en l'air en environ 250 à 400 pieds *(76 à 122 m)*.

(iii) Montée initiale : Dès que la période d'accélération est terminée, c.-à-d. dès que le planeur atteint la vitesse de l'avion remorqueur, le Pilote du planeur doit monter rapidement pour s'assurer que le câble, dont il peut y avoir à ce stade plus de 1.000 pieds *(305 m)* entre l'avion remorqueur et le planeur, ne fléchisse pas et ne s'emmêle pas dans un obstacle au sol ; mais le Pilote doit pousser le manche à balai en avant dès que le fléchissement disparait.

AVERTISSEMENT : Puisque le point d'accrochage de la corde de remorquage sur le Dakota est sous le fuselage et non pas à l'arrière, il faut faire attention de ne pas monter trop haut, car le câble pourrait alors bloquer les gouvernes de profondeur ou la roulette de queue de l'avion remorqueur.

(iv) Largage d'urgence : Sauf en cas d'urgence extrême, le Pilote du planeur ne doit pas larguer avant qu'une altitude de sécurité d'au moins 1.000 pieds *(305 m)* soit atteinte, puisque jusqu'à 1.000 pieds *(305 m)* de câble serait laissé à la traîne sous l'avion remorqueur.

(v) Position pour la montée et le vol en palier avec un long câble : Lors de la montée, à une altitude de sécurité, et en vol en palier, le planeur doit se placer dans la position basse "Low tow" de remorquage la plus confortable. Pour éviter que le câble ne s'emmêle sur l'avion remorqueur, évitez de voler trop haut.

(vi) Réduction de la longueur de câble par ré-enroulement : Quand l'avion remorqueur signale qu'il est sur le point d'enrouler le câble en acier, le planeur doit voler légèrement à la gauche de l'avion remorqueur approximativement dans l'alignement de l'extrémité gauche des plans fixes de l'empennage. Ceci permet d'éviter que le câble ne frotte trop sur la poulie principale de l'avion remorqueur, qui est légèrement excentrée.

(vii) Position normale en remorquage : Après que le câble ait été raccourci, le planeur doit voler dans la position normale basse "Low tow" de remorquage, comme défini dans la partie II.

(viii) Largage : Le largage doit normalement être effectué de la position haute "High tow" de remorquage de la manière habituelle, mais le planeur ne doit pas monter trop haut au-dessus de l'avion remorqueur, ce qui aurait comme conséquence d'emmêler le câble dans les gouvernes de profondeur ou la roulette de queue.

Le ramassage à la volée ("snatch pick-up" en anglais) a d'abord été développé pour le ramassage du courrier aux États-Unis, à titre expérimental par le Corps des Marines en 1927, puis en 1939 par les services postaux. [43] Les trois schémas ci-après, traduits à partir d'un rapport, [44] permettent de voir dans les trois dimensions les trajectoires respectives du planeur et de l'avion lors du ramassage à la volée. L'accélération moyenne subie par le planeur est seulement de 0,7 g, un treuil dévidant le câble de remorquage, d'abord très vite, puis l'opérateur freine le câble.

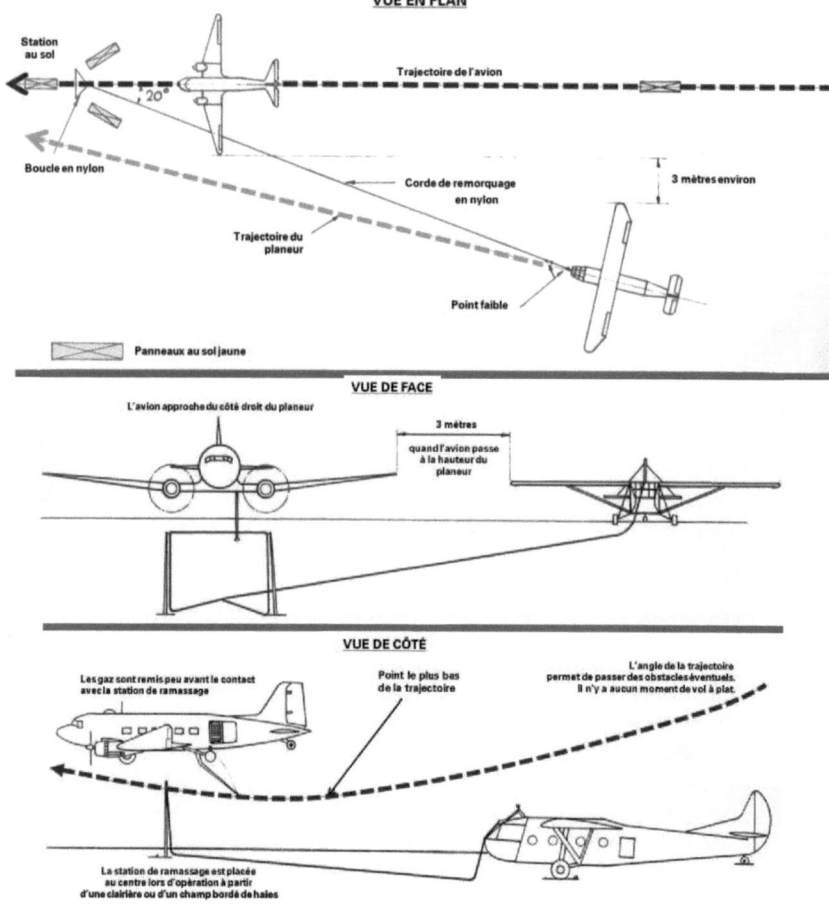

---

[43] *"WW2 US Army Air Force glider aerial retrieval system"* par Leon B. Spencer, Silent Wings Museum.

[44] Rapport *"Man, mail and glider pick-up by powered aircraft"* du 7 octobre 1948 rédigé par le Flying Officer C.B. Lyndop de l'Unité de Recherche du Transport Command de Brize Norton, collection de l'auteur.

Les chargements standards du Horsa

Le Horsa pouvait emporter 29 soldats légèrement équipés, en plus de ses deux Pilotes (Air Publication 4201C, Volume 1). Les vingt-et-un autres chargements standards du Horsa étaient les suivants (Air Publication 4201D, Volume 1) : [45]

		Matériel	Soldats (en plus des deux Pilotes)
Général	1	Une Jeep et deux remorques.	2
	2	Deux Jeeps.	3
	3	Une Jeep, une motocyclette 350cm^3 et trois bicyclettes pliables.	5
	4	Une Jeep, une remorque citerne d'eau de 455 litres.	2
Artillerie	5	Une Jeep, une remorque, un obusier de 75mm M1A1.	3
	6	Une Jeep, un canon de 6 livres.	3
	7	Une Jeep, une remorque, un mortier de 4,2 pouces.	4
	8	Un canon de 25 livres.	4
Génie	9	Une Jeep, une remorque avec scie circulaire et deux paniers contenant du matériel.	2
	10	Une Jeep, une remorque avec compresseur.	3
	11	Six radeaux pour canon anti-char.	2
	12	Neuf canots d'assaut Mk 3.	3
	13	Deux rouleaux compresseurs à tracter.	Aucun
Transmissions	14 A	Une Jeep avec station radio WS.53T/R.209, une remorque amphibie avec générateur.	3
	14 B	Une Jeep, une remorque amphibie avec modulateur et récepteur.	2
	15 A	Une Jeep avec station radio WS.53T/R.209, une remorque amphibie.	3
	15 B	Une Jeep, une remorque amphibie avec modulateur et récepteur.	2
	16	Une Jeep, une remorque avec poste de soudure.	2
	17	Une Jeep, une remorque avec outillage.	3

---

[45] Les lecteurs intéressés trouveront tous les détails des véhicules de l'Armée britannique dans le *"Data book of wheeled vehicles"*, 5ème édition, 1945, Ministry of Supply (reproduit en fac-similé par le Tank Museum, HMSO, 1991, ISBN 978-0112905066).

	18	Une Jeep, une remorque Type Z.	3
Maintenance	19	Une Jeep, une remorque avec pièces de rechange.	4
	20	Une Jeep, une remorque avec matériel pour réparations électriques.	2
	21	Une Jeep, une remorque avec générateur 5kW et une motocyclette 350cm^3.	3

Ces diagrammes des chargements standards étaient classés SECRET durant la guerre.

À titre d'illustration, le schéma du chargement standard n°5 (une Jeep, une remorque, un obusier de 75mm M1A1, trois soldats) est reproduit ci-contre. En comptant les Pilotes, ce chargement avait une masse de 3.103 kg, à ajouter aux quelques 3.933 kg du planeur vide.

L'avant du planeur est en direction de la flèche en bas de page. Il fallait 58 chaines, 34 tendeurs et 34 crochets à ouverture rapide pour réaliser les 34 systèmes d'arrimages indiqués en noir et numérotés sur ce schéma. On notera que les trois soldats étaient placés aux deux extrémités du planeur et avaient l'ordre strict de ne pas se déplacer afin de ne pas perturber l'équilibrage de l'appareil (source : Air Publication 4201D, Volume 1, décembre 1948).

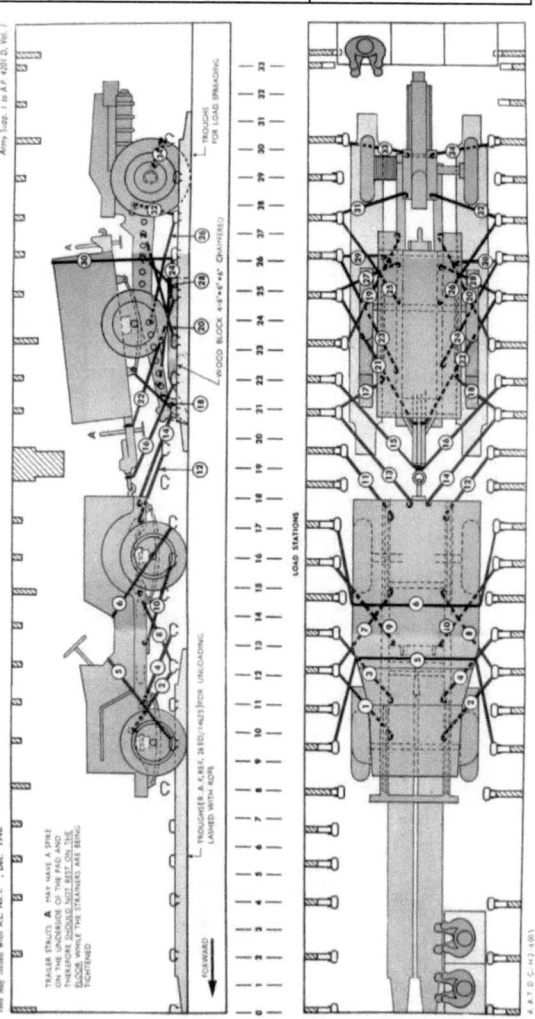

BIBLIOGRAPHIE SOMMAIRE SUR LE PLANEUR AIRSPEED HORSA

Il y a de nombreux livres sur les troupes aéroportées, mais assez peu spécifiquement sur le Horsa. Une sélection est listée ci-après. Un court commentaire en italique donne quelques impressions de lecture.

ESVELIN, Philippe. Éditions Heimdal :
- **D-Day gliders : les planeurs américains du jour J.** 2001. ISBN 978-2840481430.
- **Forgotten wings : Planeurs en Normandie et dans le Sud de la France.** 2006. ISBN 978-2840482208.

LINDNER, Vincent. **Planeurs de combat : du silence au fracas.** Otelli. 2017. ISBN 978-2373010565.

MIDDLETON, Don. **Airspeed : The Company and its aeroplanes.** Terence Dalton. 1982. ISBN 978-0861380091.

MORRISON, Will. **Horsa Squadron.** William Kimber & Co. 1988. ISBN 978-0718306847.

MRAZEK, James. **Airborne combat.** Stackpole. 2011. ISBN 978-0811708081.

OTWAY, Terence B. H. (Lt. Col.). **Airborne Forces : The Second World War 1939-1945.** Air Publication 3231 de l'Air Ministry. 1951 (édition à publication restreinte pour raisons de sécurité. Re-publié en 1990 par l'Imperial War Museum : ISBN 978-0901627575, et en 2014 par Naval and Military Press : ISBN 978-1783311132). *Un excellent ouvrage, très détaillé et très recherché sur le côté britannique de l'histoire des troupes aéroportées. Ce livre détaille bien des aspects qui sont ignorés dans d'autres publications, comme par exemple les rouages des décisions prises par le Ministère de l'Air ou le War Office. L'auteur commandait le 9ème Bataillon Parachutiste chargé de la prise de la batterie de Merville en juin 1944, et connaissait donc bien son sujet.*

SHUTE, Neville. **Slide rule.** Heinemann. 1992. ISBN 978-0434699315. *Un livre très facile à lire, auto-biographique, où l'auteur revient sur son expérience de jeune ingénieur de Vickers, avant de fonder la compagnie Airspeed.*

TAYLOR, H. A.. **Airspeed aircraft since 1931.** Putnam. 1991. ISBN 978-0851778488.

WALDRON, Alec :
- **Pacifist to glider pilot.** Woodfield. 2000. ISBN 978-1873203538. *Un petit livre qui se lit très bien, même si l'on peut regretter que seule la seconde moitié porte sur la période 1939-45.*
- **Operation Ladbroke, from dream to disaster.** Woodfield. 2003. ISBN 978-1903953419. *Probablement le seul livre qui évoque en détail les aspects techniques du pilotage dans les conditions particulières du largage en Sicile (voir chapitres 2 et 5).*

WOOD, Alan. **History of the world's glider Forces**. Patrick Stephens. 1990. ISBN 978-1852602758. *Un excellent ouvrage. On ne peut lui reprocher que le manque de références détaillées, l'absence d'une bibliographie et de mettre plus l'accent sur les opérations que sur la genèse des planeurs.*

WRIGHT, Lawrence. **The wooden sword**. Elek. 1967. ISBN 978-0236177769. *Un excellent résumé du développement des troupes aéroportées britanniques par l'un des pionniers des planeurs qui participa à la création de l'école de Ringway, puis à la planification des opérations en Afrique et en Europe du Nord, le tout enveloppé avec un obligatoire humour anglais qui en rend la lecture passionnante.*

Normandie juin 1944 : Les planeurs du Jour J. Historica hors-série n°46, avril 2006. Heimdal. ISSN 1167-9638. *Un numéro richement illustré mais on regrettera l'absence de cartes, de bibliographie et de détails sur la conception ou la fabrication des appareils.*

QUELQUES TITRES DE CETTE SÉRIE

Utilisation principale	Avion
Formation	Tiger Moth II ; Harvard III (AT-6)
Chasseur et **chasseur-bombardier**	Spitfire I ; Spitfire F.IX, PR.XI & LFXVI Mosquito FII, NF: XII, XIII, XVII & XIX Havoc II (A-20) ; Typhoon IAB Airacobra I (P-39) ; Mohawk IV (P-36) Tomahawk I & II (P-40) ; Thunderbolt I & II (P-47) ; Beaufigther VI, TFX & TFXI Hurricane I et Sea Hurricane I ; Mustang III & IV (P-51) ; Meteor III ; Vampire F1
Bombardement	Lancaster I, III, X ; Halifax II & V ; Mitchell II (B-25) Fortress GRIIA, GRII & III, BII &III (B-17)
Planeur de combat ou **transport de parachutistes**	Dakota I, III & IV (C-47) ; Hadrian I (CG-4A) ; Hamilcar I ; Horsa I & II
Aéronavale et **surveillance maritime**	Corsair I à IV (F4U, F3A & FG-1) Hellcat I & II (F6F) ; Swordfish I à IV Martlet II & III (F4F Wildcat) ; Avenger I, II & III (TBF & TBM) ; Catalina I, IB, II & IV (PBY) ; Wellington III & X
Missions secrètes	Lysander III & IIIA